Michele Sardella
Antonella Petrella

I Religiosi e i Social Network

Michele Sardella
Antonella Petrella

I Religiosi e i Social Network

Analisi Canonica e Psicologica del canone 666

Edizioni Sant'Antonio

Cover image: www.ingimage.com

Publisher:
Edizioni Accademiche Italiane
is a trademark of
International Book Market Service Ltd., member of OmniScriptum Publishing Group
17 Meldrum Street, Beau Bassin 71504, Mauritius

Printed at: see last page
ISBN: 978-613-8-39195-1

Indice

ABBREVIAZIONI E SIGLE 2

PREFAZIONE 5

INTRODUZIONE 7

ANALISI DEL CANONE 666 DEL CODICE DI DIRITTO CANONICO E POSSIBILI PROSPETTIVE FUTURE 10

1. IN USU MEDIORUM COMMUNICATIONIS SOCIALI 11
   1.1. Il tipo di uso dei mezzi di comunicazione a cui il canone si riferisce 11
   1.2. I nuovi mezzi di comunicazione e la separazione dal mondo 14
   1.3 La clausura e i mezzi di comunicazione 18
2. SERVETUR NECESSARIA DISCRETIO 22
   2.1 La necessaria discrezione nell'uso dei mezzi di comunicazione: questione terminologica 22
   2.2. Canone 666 e nuovi orizzonti 26
   2.3 Diritto proprio: possibilità de iure condendo 28
3. ALLA RICERCA DI UN LOCUS THEOLOGICUS: ALCUNE CONSIDERAZIONI 32
   3.1 Il male non è nei mezzi di comunicazione 32
   3.2 Riflessione ad intra: la natura della vita consacrata 33
   3.3 Gioco, cibo ed eros in tensione verso le virtù della fede, della speranza e della carità 34

L'USO E L'ABUSO DI INTERNET DA PARTE DEI RELIGIOSI: MOTIVAZIONI CHE SPINGONO AD EVADERE E POSSIBILI STRADE CHE RIPORTANO A CASA 40

1. L'IDENTITÀ AL TEMPO DI FACEBOOK TRA VERO E FALSO SÉ 44
2. LE MASCHERE VIRTUALI OVVERO LE FALSE IDENTITÀ 47
3. APPARTENENZA, LIBERTÀ ED ANCORA FALSE IDENTITÀ 49
4. LA TEORIA DELL'ATTACCAMENTO ED IL BISOGNO DI APPARTENERE: DA FERITA A FERITOIA 53
5. I SISTEMI MOTIVAZIONALI ED IL ROVETO CHE NON SI CONSUMA 60
6. LE FRECCE LUNGO IL CAMMINO 64
   1. L'abito che si veste come segno di appartenenza ad una famiglia 64
   2. Riconoscere di essersi "nascosti" 66
   3. Il confratello o la consorella come custode del nostro cammino e compagno di viaggio 67
   4. "Sentire senza acconsentire" (la normalizzazione del pensiero e la gestione del comportamento) 69
   5. La presa di coscienza della propria parte di responsabilità 71
7. LA FORMAZIONE CONTINUA COME PRIORITÀ NELLA VITA CONSACRATA E FATTORE DI PROTEZIONE 73

LETTERATURA 76

Abbreviazioni e sigle

a.	anno
AAS	*Acta Apostolicae Sedis: commentarium officiale*
Adh. ap.	Adhortatio apostolica
All.	Allocutio
an.	annata
At	*Atti degli Apostoli*
Bull.	*Bulla*
Bull. Franc.	*Bullarium franciscanum*
Bull. Roman.	*Bullarum, diplomatum et privilegiorum Sanctorum Romanorum Pontificum Taurinensis editio*, 25 vol., Auguste Taurinorum, 1857- 1872.
cap.	Caput
Cfr.	confronta
CIC	*Codex Iuris Canonici,* Auctoritate Ioannis Pauli Papae II promulgatus
coll.	Collana
Col	*Lettera ai Colossesi*
Con. Oec. Decr.	*Conciliorum Oecumenicorum Decreta*, a cura di G. ALBERIGO – P. JOANNOU, Bologna 1991.
Const. ap.	Costituzione apostolica
Corp. Iur, can	*Corpus iuris canonici*
Decr.	*Decretum*
ed.	Edizione
ed. it.	Edizione italiana
Ench. Vat.	*Enchiridion Vaticanum. Documenti ufficiali della Santa Sede*, testo ufficiale e versione italiana, Bologna.

Epist. Apost.	*Epistula Apostolica*
Es	*Esodo*
f.	foglio
FF	*Fonti Francescane, Scritti e biografie di san Francesco d'Assisi. Cronache e altre testimonianze del primo secolo francescano. Scritti e biografie di santa Chiara d'Assisi. Testi normativi dell'ordine Francescano, terza ed., Santa Maria degli Angeli* (Perugia) 2011.
Gal	*Lettera ai Galati*
Gen	*Genesi*
Hom.	Homilia
Ibid.	*Ibidem*
IB	*Insegnamenti di Benedetto XVI*, n. I-IX, Città del Vaticano 2005-2013.
IGP	*Insegnamenti di Giovanni Paolo II*, n. I-XXVIII, Città del Vaticano 1980-2005.
Instr.	Instructio
IP	*Insegnamenti di Paolo VI*, n. I-XXVI, Citta del Vaticano 1963-1979.
litt.	*Litterae*
Litt. ap.	Lettera apostolica
Litt. ap. mot. pr. dat.	Lettera apostolica motu proprio datae di un Papa
Litt. enc.	Lettera enciclica
Lc	Vangelo di Luca
Mc	*Marco*
m. p.	Motu proprio
Mt	*Matteo*
n.	Numero
PCCDC	Pontificia commissione per la codificazione del diritto canonico (denominazione del fondo dell'Archivio segreto

	Vaticano in cui si conserva la documentazione relativa alla formazione del codice di diritto canonico del 1917)
PCCICR	Pontificia Commissio Codici Iuris Canonici Recognoscendo
Rb	*Regola Bollata*
Sal	*Salmi*
ss.	Seguenti
Sum. Th.	*Summa Theologiae*
trad.	Traduzione
vol.	Volume

Prefazione

Diritto canonico e psicologia costituiscono un binomio ben noto agli esperti di diritto matrimoniale canonico: con l'introduzione delle forme di incapacità a contrarre matrimonio, contemplate nel can 1095, la perizia psicologica è diventata un fondamentale e prezioso strumento probatorio che fornisce al giudice conoscenze utili per raggiungere quella certezza morale necessaria per la pronuncia di una sentenza.

Rileggere tale binomio nell'ambito del diritto dei religiosi, tradurlo in un testo scritto a quattro mani, coniugare l'uso dei mezzi di comunicazione alla fedeltà vocazionale, è decisamente una proposta nuova oltre che necessaria. Non certo perché questa è l'epoca dei folli o degli incapaci, quanto piuttosto perché intelletto e volontà concorrono con emozioni, disposizioni psicofisiche, tendenze, abitudini acquisite a costituire l'unità della persona. E dunque, la scienza che cerca di affondare lo sguardo nel mistero che è l'uomo, insieme alle altre discipline, tra cui il diritto, può offrire un contributo importante per sostenere il desiderio e la ricerca di fedeltà alla propria vocazione.

Il dialogo tra diritto e psicologia è presente nel testo non solo nelle due parti che lo compongono, ma anche all'interno di ciascuna di esse nella quali, come un filo nascosto, non sfugge al lettore il rinvio alla Parola, quel pozzo d'acqua viva e zampillante dal quale il cristiano attinge la sapienza che gli permette di addentrarsi nel mistero che è la creatura umana.

Nell'accostare il testo, oltre a tali interessanti intuizioni ed al tentativo di far dialogare discipline a prima vista così distanti, si percepisce subito che si tratta, come riconosciuto dagli stessi Autori, di un sasso lanciato nello stagno per smuovere le acque e stimolare una riflessione più ampia e uno studio più approfondito.

E' certamente significativo che, per mettere in relazione il diritto e la psicologia, entrambi radicati nella Parola, gli Autori abbiano scelto l'ambito dei *mezzi di comunicazione di ultimissima generazione*. Si tratta, infatti, di strumenti che sono entrati a pieno titolo nelle nostre abitudini, permettendoci di sperimentarne l'utilità e le loro straordinarie potenzialità, ma anche il profondissimo impatto sulla nozione di tempo e di spazio, sulla percezione di sé, degli altri e del mondo, sul modo di comunicare, di apprendere, di informarsi (cfr. *Instrumentum laboris* per il Sinodo sui giovani). Un impatto che certamente attraversa anche la vita religiosa nei suoi diversi volti: dalla clausura, alla comunità, alle dinamiche della vita fraterna, alla fedeltà vocazionale. Questo contributo, che a prima vista potrebbe sembrar demonizzare tali mezzi, addentrandosi in parole come appartenenza libertà ed identità (e false identità), offre l'opportunità di esercitare quella capacità critica, così spesso anestetizzata dagli stessi mezzi di comunicazione, che costituisce invece un valido aiuto per vivere e custodire la propria vocazione.

Dinanzi a cambiamenti antropologici così profondi, il presente lavoro pone al diritto canonico domande nuove chiedendo risposte nuove, guidato dall'antico brocardo *ius sequitur vitam* che indica tutta la bellezza e al tempo stesso tutta la fragilità del diritto quando questo non sa rispondere alla sua missione, ma anzi identifica la sua forza con la sua staticità.

Il testo rimanda infatti ad una visione di un diritto "vitale", intendendo con questo termine un diritto strettamente connesso alla vita e al cambiamento iscritto nella vita stessa, un diritto che, guardando all'esperienza concreta di ciascuno, offra a noi tutti l'abito nuziale: quel dono di grazia da accogliere per partecipare al banchetto di nozze e vivere in libertà e pienezza (Mt 22,1-14).

Dott.ssa Daniela Leggio
Capo ufficio della Congregazione
per gli Istituti di Vita Consacrata e le Società di Vita Apostolica

Introduzione

Per un religioso è buono separarsi o appartenere al mondo dei media? Il religioso in che modo deve esserci in questo mondo senza venir meno a quello che è? Domande queste alquanto emblematiche in un'epoca, la nostra, in cui l'ambiguità sembra guadagnare continuamente sul primato dell'apparire verso una sempre più dominante logica dell'alienazione.

Una domanda che ha spinto un canonista ed una psicoterapeuta nella realizzazione di questo lavoro in cui il diritto canonico e la psicologia si incontrano, supportandosi vicendevolmente nella ricerca di una probabile risposta. La vita comunitaria, a cui i religiosi sono chiamati, possiede due aspetti uno spirituale ed uno materiale. L'aspetto spirituale parte dal cuore animato dall'amore che spinge alla comunione di vita, quello materiale è la vita comunitaria che per un religioso si realizza nell'abitare nella propria casa religiosa. Negli ultimi venti anni la società, con l'avvio dei mezzi di comunicazione, ha cambiato sostanzialmente aspetto, spingendo i soggetti sempre più in un mondo virtuale. Anche i religiosi hanno subito questo cambiamento radicale che ha minato seriamente sia il principio spirituale che materiale della vita comunitaria alienando sempre più i soggetti e minacciando i consigli evangelici. D'altra parte, si riconosce la bontà dei mezzi di comunicazione e la necessità del loro utilizzo.

Il presente lavoro è diviso in due parti. Nella prima parte, in base al principio *ius sequitur vitam,* si è ritenuto opportuno pensare alla grande lacuna del Diritto Canonico e del diritto proprio degli Istituti religiosi rispetto al fenomeno dei mezzi di comunicazione sociale che sempre più va imponendosi.

Questo lavoro non intende essere esaustivo e nemmeno considerare tutta la vita consacrata, l'attenzione sarà rivolta piuttosto agli Istituti religiosi, anche se per analogia ci sono diversi fattori che potrebbero essere comune a tutti. Ci è sembrato necessario tracciare le basi della riflessione partendo dal dato canonico, attraverso l'analisi del canone 666 che tratta nello specifico del rapporto dei religiosi con i mezzi di comunicazione sociale. Successivamente si sono analizzati gli sviluppi posteriori alla codificazione, mostrando quelle che sono le lacune del dato canonico e la necessaria integrazione che il diritto proprio deve contenere. All'interno della sezione canonica potrebbe sembrare inopportuna l'ultima parte che traccia un *locus theologicus* della vita religiosa all'interno di un libretto che intende parlare del religioso e del rapporto con i mezzi di comunicazione. Tuttavia, le considerazioni nascono per giustificare un diritto che è strumento di maturità e fondamento di collettività. Senza la teologia la norma, che dovrebbe essere sintesi di una riflessione teologica, rischierebbe di mostrare solo la sua forza positiva. Altra osservazione che si pone all'attenzione del lettore è questa: è possibile rintracciare una mancanza di uniformità linguistica, in alcuni tratti si passa volutamente da un linguaggio rigido, tipico del lessico positivo, ad un linguaggio sciolto quasi semplicistico. La motivazione di questa scelta è data dal fatto che essendo questo un primo approccio canonico alla materia non si è voluta assumere una linea rigida né una linea lassista. Il tutto deve essere considerato come una base di partenza sulla quale sviluppare successive riflessioni.

Nella seconda parte del presente lavoro si è analizzato il fenomeno dei mezzi di comunicazione e la vita religiosa attraverso la scienza psicologica.

L'utilizzo di mezzi di comunicazione di ultimissima generazione, aziona un processo comunicativo che contemporaneamente può essere considerato sia evolutivo, sia involutivo. Evolutivo poiché arriva ad importanti conquiste quali per esempio l'eliminazione dell'istanza temporale e spaziale, in quanto tutto si svolge nell'immediato, in multitasking senza particolari limiti ed impedimenti. Involutivo poiché viene meno la componente sensoriale, concreta e corporale che rende calda la comunicazione e, per certi sensi, più vera oltre che decisamente viva. Dall'utilizzo dei media e degli strumenti ad essi deputati, pc, *tablet*, *smartphone* e dal nuovo stile comunicativo bastato sull'immediato e sulla filosofia del tutto e subito non sono esclusi i religiosi a cui si chiede di rimanere al passo con i tempi, di aggiornarsi e confrontarsi con realtà che esulano dai loro conventi nell'ottica di una nuova ed efficace forma di evangelizzazione che sia anche massiva e capillare. Pertanto, spesso si lascia al buon senso del religioso l'uso di tali mezzi non considerando, il più delle volte, il rischio a cui lo si espone.

Il dott. Tonino Cantelmi, il primo in Italia a parlare dell'impatto della tecnologia digitale sulla mente umana, nel sottotitolo di un suo libro sul tema definisce internet "un'affascinante ragnatela"[1]. Infatti internet, la rete delle reti, proprio come una ragnatela tessuta allo scopo di intrappolare le prede, tende, quando dall'uso si passa all'abuso (passo al quanto semplice da fare se non fosse altro che perché è letteralmente a portata di mano sempre), ad intrappolare gli ingenui malcapitati con ammalianti proposte e verosimili promesse la cui vita si esaurisce in breve tempo trovando facilmente rapide soddisfazioni. Ben diversa è la vita quotidiana e concreta in cui esiste un tempo da rispettare, come esiste "un altro" da accogliere con le sue differenze e spigolosità e con cui condividere lo spazio. Così capita che, in cerca di comprensione

---

[1] Cfr.T. CANTELMI - L.G. GRIFO, *La mente virtuale: l'affascinate ragnatela di internet*, Torino 2002.

o di una falsa indipendenza, nel disperato bisogno di colmare un impellente vuoto esistenziale e relazionale ci si spinga alla ricerca di legami compensatori, si apra la porta della "clausura" sia della propria stanza che del proprio cuore, rischiando di perdere il senso di quello che dovrebbe essere e restare uno spazio intimo, personale e riservato da custodire con cura ed attenzione.

Così capita che si senta il bisogno di "uscire fuori" spinti dal desiderio, capita di perdersi o di restare intrappolati nella ragnatela del web. Questo testo vuole far luce sulle possibili motivazioni che spingono il consacrato a rifugiarsi una realtà virtuale e propone una serie di indicazioni da seguire per ritrovare la strada di casa.

Parte prima

ANALISI DEL CANONE 666 DEL CODICE DI DIRITTO CANONICO E POSSIBILI PROSPETTIVE FUTURE

Michele Sardella

1.In usu mediorum communicationis sociali

1.1. Il tipo di uso dei mezzi di comunicazione a cui il canone si riferisce

Il canone 666 del codice del 1983 è compreso nel libro II, parte III, capitolo IV, intitolato: "Gli obblighi e i diritti degli Istituti e dei loro membri". Gli obblighi presenti nel capitolo, oltre a precisare lo stile di vita a cui i religiosi sono tenuti, presentano alcune realtà che sono strettamente connesse ai tre voti. Il canone recita testualmente: "Nel fare uso dei mezzi della comunicazione sociale si osservi la necessaria discrezione e si eviti tutto quanto nuoce alla propria vocazione e mette in pericolo la castità di una persona consacrata".

Gli Istituti religiosi e i loro membri sono tenuti ad osservare una certa condotta nell'uso dei mezzi di comunicazione sociale, in quanto l'uso scorretto di questi mezzi potrebbe diventare nocivo per la propria vocazione ed un pericolo nell'osservanza del voto di castità.

Il canone non specifica cosa significhi "*necessaria discretio*", pertanto il diritto proprio di ciascun Istituto religioso è chiamato ad emanare norme concrete a tal riguardo. La *commissio iuris canonici recognoscendo,* a cui fu affidato il compito di revisione del Codice di Diritto Canonico, non ha avuto dubbi sull'importanza dell'inserimento di questa norma. Solo un consultore propose di ometterla affermando "*quia non est materia iuridica",* ma a tale dubbio fu risposto "*quia agitur de norma disciplinari, hodie praesertim valde necessaria"*[2].

Per comprendere meglio il significato delle parole del canone 666, considerato *in textu et contextu* (can. 17), è necessario analizzare le tipologie dei mezzi di comunicazione a cui si riferisce. Alla pubblicazione del CIC avvenuta nel 1983, la rete Internet era in fase sperimentale e i *personal computer* non ancora alla portata di tutti. Infatti, gli unici mezzi di comunicazione a disposizione erano: riviste, stampa in genere, giornali, cinema, radio, televisione, teatro.

Il religioso che si accostava a questi mezzi di comunicazione ne faceva un uso strettamente passivo, ricevendo informazioni ed immagini senza essere il protagonista principale. Il canone 666, prima di tutto, mette in guardia il religioso dall'utilizzo

---

[2] Cfr. *Pontificia Commissio Codici Iuris Canonici Reconognoscendo, Ex actis Pontificiae Commissionis Codici Iuris Canonici Recognoscendo, in: Communicationes,* an. 15 (1974), p.74.

passivo dei mezzi di comunicazione; questo uso non comporta una diretta partecipazione del soggetto. Per conoscere a fondo il significato dell'uso passivo, è necessario analizzare le fonti dalle quali il canone ha preso forma.

Dalle fonti emerge che:

1) l'uso passivo dei mezzi di comunicazione comporta innanzitutto una scelta retta degli strumenti da visionare; questi strumenti devono possedere un reale valore morale e non devono causare danno spirituale.[3] Il valore morale degli strumenti va attribuito alla libera coscienza morale e al discernimento della comunità. Il discernimento morale è necessario anche per non saturarsi di idee e teorie contrarie all'insegnamento della Chiesa[4];

2) l'uso passivo non deve sostituirsi al silenzio che è necessario ai religiosi, in quanto gli permette di sentire Dio che parla nel cuore[5]. Il silenzio a cui il religioso è chiamato, è parte integrante di tutto l'essere e non può conciliarsi con l'uso indiscriminato e imprudente dei *mass-media*. L'uso indiscriminato dei mezzi di comunicazione

---

[3] PAOLO VI, decr. *Inter mirifica*, 4 mag. 1963, in *AAS*, a. 56 (1964), p.148; Paolo VI sull'utilizzo retto dei mezzi di comunicazione afferma: *Per usare rettamente questi strumenti è assolutamente necessario che coloro i quali se ne servono conoscano le norme della legge morale e le osservino fedelmente in questo settore. Tengano perciò presente il contenuto, comunicato secondo la natura propria di ciascuno strumento; considerino inoltre tutto il contesto --come, ad esempio, il fine, le persone, il luogo, il tempo ecc.-- nel quale si attua la comunicazione stessa, perché il contesto è capace di modificarne, o addirittura di cambiare totalmente, il valore morale. A questo proposito segnaliamo in particolare il modo di agire proprio di ogni strumento, cioè la sua forza di suggestione, che può essere tale che gli uomini, soprattutto se insufficientemente preparati, riescano con difficoltà ad avvertirla, a dominarla e, quando occorresse, a respingerla.*

[4] E. GAMBARI, *I religiosi nel Codice. Commento ai singoli canoni,* Milano 1986, p. 287; M. G. Sartori afferma che: *La cultura di massa prodotta dai mass media diventa un collante ideologico necessario per indurre un elevato consenso sociale. Cultura di massa funzionale, dunque, alla perpetrazione dei rapporti di potere dominanti: uniformità, conformismo, prevedibilità. Da questo punto di vista il controllo dei mass-media consente il controllo dell'uomo. Le due opinioni hanno in comune la concezione del potere dei media come socialmente illimitato, ed entrambe considerano il pubblico come spettatore e non protagonista del processo di comunicazione. Le due opinioni hanno anche in comune una concezione "astratta" dei media come "enti in sé", interpretandone soltanto gli effetti, senza studiare la loro struttura concreta*; M. G. SARTORI, *Dalla psicologia sociale ai diritti umani. Scritti 1985-2009*, Roma 2010, p. 241.

[5] Cfr. PAOLO VI, es. ap. *Evangelica testificatio,* 29 giun. 197, in *AAS*, a. 63 (1971), p. 520.

comporta, infatti, una dissipazione interiore che contraddice le attese più profonde di ogni vita consacrata[6];

3) l'uso passivo dei mezzi di comunicazione non deve essere un ripiego o uno spreco di tempo, soprattutto di tempo libero. Con la professione dei consigli evangelici il religioso si consacra più intimamente al servizio di Dio; sprecare il tempo con i mezzi di comunicazione potrebbe risultare un impedimento nocivo, che distoglie dall'impegno principale di ogni religioso, ossia quello di cercare Dio sopra ogni cosa[7];

4) nell'uso passivo dei mezzi di comunicazione si deve evitare tutto ciò che può mettere in pericolo la castità; spesso i mezzi di comunicazione sono nocivi quando producono immagini a sfondo erotico, specialmente quando sostengono che la continenza perfetta è impossibile o controproducente al perfezionamento della carità[8].

Se è pur vero che il canone è principalmente rivolto all'uso passivo dei mezzi di comunicazione e che l'uso indiscriminato degli stessi può essere pericoloso, l'attuale situazione e sviluppo della società comporta nuove considerazioni in merito al canone 666.

L'introduzione dei *personal computer* e degli *smartphone* ha sovvertito fortemente il sistema dei *mass-media* tradizionali. Con l'avvento di questi due strumenti elettronici i mezzi di comunicazione di massa non sono più passivi ma, passando da una logica centrifuga ad una centripeta, sono diventati attivi e interattivi[9].

Lo sviluppo dei media ha generato nuove opportunità ma anche nuovi rischi causati dall'incapacità di controllo[10]. Nei *personal computer* è possibile sfogliare riviste *on line*, guardare la tv, spettacoli, fare chiamate, videochiamate, scommettere del denaro, fare investimenti, guardare la pornografia. Tutto è alla portata di un semplice motore di ricerca che immette l'utente in un mondo infinito.

---

[6] SACRA CONGREGAZIONE PER I RELIGIOSI E GLI ISTITUTI SECOLARI, *La dimensione contemplativa della vita religiosa*, in: EVC, p. 2529.

[7] Cfr. PAOLO VI, es. ap. *Evangelica testificatio,* p. 501-502.

[8] PAOLO VI, decr. *Perfectae Caritatis*, 28 oct. 1965, in *AAS*, a. 58 (1966), p. 707.

[9] Cfr. P. BOCCIA, *Metodi e tematiche nella ricerca sociopsicopedagogica*, Treviso 2010, p.107.

[10] *Comunicare le identità. Percorsi della soggettività nell'età contemporanea*, a cura di L. BOVONE - P. VOLONTÉ, coll. *Produrre cultura creare comunicazione*, Milano 2006, p. 195.

L'interattività dei mezzi di comunicazione, nell'ambito della pornografia, permette di ricevere immagini o video ma anche di partecipare attivamente, trasmettendo appunto immagini o video. I nuovi mezzi di comunicazione consentono di interagire con altri soggetti non più semplicemente tramite un *medium*, come il telefono che permette la trasmissione di un messaggio, ma anche attraverso l'interazione che è molto somigliante a quella *face to face*, in quanto consente all'utente di vedere chi emette il messaggio[11].

È norma sempre più impellente, presso i *Christifideles* e non, che l'utilizzo passivo e attivo della rete Internet è inevitabile, questo pensiero ha avuto influsso anche nella vita religiosa che sempre più ritiene indispensabili questi mezzi nella evangelizzazione. Il canone non vieta l'utilizzo dei mezzi di comunicazione sociale ma fa divieto di tutte quelle cose che mettono in discussione i cardini della vita consacrata, con il conseguente venire meno dei vincoli evangelici su cui essa si fonda.

In conclusione, si può affermare che il canone 666 si riferisce principalmente all'uso passivo dei mezzi di comunicazione ma certamente anche all'utilizzo attivo con conseguenze sul piano giuridico molto più rilevanti rispetto al semplice uso passivo.

1.2. I nuovi mezzi di comunicazione e la separazione dal mondo

La storia contemporanea è caratterizzata dalla trasformazione delle relazioni sociali, dove la solitudine è esorcizzata dal costante contatto mediato dalla rete Internet. Continuamente è possibile connettersi con il mondo: nella casa religiosa, nella propria cella, in chiesa, in oratorio, in viaggio, e così via. Infatti, durante la giornata si stabilisce almeno un contatto con qualche schermo, come *smartphone* e computer[12]. Lo schermo è una realtà che permette all'individuo di passare verso qualcuno o qualcosa; questo passaggio può essere reale o virtuale. È evidente che questo continuo essere a contatto con un mezzo tecnologico apporta delle conseguenze notevoli sul piano della vita religiosa, dunque merita di essere analizzato con attenzione. Il canone 607 § 3 afferma: "la testimonianza pubblica che i religiosi sono tenuti a rendere a Cristo e alla Chiesa

---

[11] *Internet e L'esperienza religiosa in rete*, a cura di B. AROLDI - B. SCIFO, coll. *Università ricerca spettacolo processi culturali*, Milano 2002, p. 50.

[12] Cfr. V. CODELUPPI, *L'era dello schermo. Convivere con l'invadenza mediatica*, Milano 2013, p. 7-8.

comporta quella separazione dal mondo che è propria dell'indole e delle finalità di ciascun Istituto".

Come conciliare il continuo uso dei mezzi di comunicazione con la separazione dal mondo propria dell'indole e delle finalità di ciascun Istituto? Cosa si intende per separazione dal mondo? Nel tentativo di rispondere a tali quesiti è necessario scrutare la missione che Dio ha affidato ad ogni fedele cristiano. Il battesimo rigenera l'uomo e lo configura a Cristo, rende l'uomo partecipe delle funzioni sacerdotali, profetica e regale, secondo il proprio ruolo. I battezzati sono costituiti come popolo di Dio, separato per Dio, per il suo culto e per il suo servizio. Con l'ordine sacro, alcuni tra i fedeli sono consacrati e destinati a pascere il popolo di Dio. L'ordine sacro per sua natura è chiamato ad una particolare separazione; il maestro Graziano nel XII secolo afferma che i chierici devono astenersi da ogni strepito delle cose temporali, poiché Dio li ha eletti per sé[13].Ugualmente si deve proferire per i battezzati, che si consacrano a Dio mediante la professione dei consigli evangelici. Il religioso è separato dal mondo per appartenere a Dio[14]. La vita religiosa, proprio perché consacrazione di tutta la persona, costituisce in sé una certa separazione dal mondo. Il religioso, con la professione dei consigli evangelici, intende liberarsi dagli impedimenti che potrebbero distoglierlo dal fervore della carità,[15] per vivere solo per Dio[16]. Non si tratta dunque di una separazione esclusivamente spirituale ma anche materiale. La concretizzazione materiale di questa separazione è la clausura, ossia lo spazio separato dal mondo riservato ai religiosi.

---

[13] *Decretum Magistri Gratiani: concordia discordantium canonum*, ed. Lipsiensis secunda, post A. L. Richteri curas ad librorum manu scriptorum et editionis Romanae fidem recognovit et adnotatione critica instruxit A. Friedberg, unveränd. Nachdr. der 1879 in Leipzig ersch. Ausg., Graz 1959, in: *Corp. iur. can.*, pars 1, col. 1-1435, C. 12 q. 1 c. 7; *Duo sunt genera Christianorum. Est autem genus unum, quod mancipatum divino offitio, et deditum contemplationi et orationi, ab omni strepitu temporalium cessare convenit ut sunt clerici, et Deo devoti videlicet conversi. κληρος enim grece latine sors. Inde huiusmodi homines vocantur clerici, id est sorte electi. Omnes enim Deus in suos elegit. Hi namque sunt reges, id est se et alios regentes in virtutibus, et ita in Deo regnum habent. Et hoc designat corona in capite. Hanc coronam habent ab institutione Romanae ecclesiae in signo regni, quod in Christo expectatur. Rasio vero capitis est temporalium omnium depositio. Illi enim victu et vestitu contenti nullam inter se proprietatem habentes, debent habere omnia communia.*

[14] Cfr. V. DE PAOLIS, *La vita consacrata nella Chiesa*, Venezia 2010, p. 308.

[15] CONCILIUM OECUMENICUM VATICANUM II, Const. ap.: *Lumen gentium*, 21 nov. 1964, Romae, apud S. Petrum: const. dogm. de Ecclesia, in *AAS*, an. 57 (1965), p. 45-51.

[16] Cfr. CONCILIUM OECUMENICUM VATICANUM II, decr.: *Perfectae caritatis*, 28 oct. 1965, Romae apud S. Petrum: decr. De accomodata renovatione vitae religiosae, in *AAS*, an. 58 (1966), p. 704.

Nell'esortazione apostolica *Evangelica Testificatio*, Paolo VI afferma: Nella misura dunque, in cui assolvete funzioni esterne, è necessario che impariate a passare da queste attività alla vita raccolta, nella quale le vostre anime si ritemprano[17]. Il concetto di separazione nel contesto moderno ha assunto una valenza negativa, questa nozione andrebbe recuperata nel suo significato biblico, teologico e di conseguenza anche giuridico. La separazione non comporta una negazione della realtà umana, ma una rinuncia ad esso finalizzata all'annuncio. La separazione ha un fine preciso cioè perfezionare l'annuncio.

Le comunità religiose devono presentarsi nella Chiesa mediante una mutua compenetrazione tra azione e contemplazione, sia interna e individuale che esterna e sociale[18]. I religiosi, che per carisma istituzionale operano nelle comunicazioni sociali, sono tenuti a testimoniare il Vangelo mediante l'uso di questi mezzi, cercando di studiarne i linguaggi ed evitando che si faccia un uso distorto degli stessi[19]. La necessaria azione pastorale deve escludere le architetture liquide dei mezzi di comunicazione come quelle che si creano sui moderni social network. L'uomo necessita di reti sociali, per sua costituzione - ab-origine - è per la relazione aperto all'altro[20],rivendicando sempre un'autonomia strutturale della persona senza alcuna chiusura interiore[21]. I consacrati non sono dispensati da ciò che è costitutivo dell'uomo. Le reti sociali sono formate da un gruppo di persone che hanno in comune alcuni

---

[17] Cfr. Paolo VI, es. ap. *Evangelica testificatio*, p. 516.

[18] Cfr. Congregazione per gli Istituti di vita Consacrata e le Società di vita Apostolica, doc. *Dimensione contemplativa della vita religiosa*, 12 ago. 1980, in *EV* 7, p. 505-537.

[19] Cfr. Giovanni Paolo II, es. ap.: *Vita Consecrata*, 25 mar. 1996, Datum Romae, apud S. Petrum, episcopis et clero, Ordinibus Congregationibusque religiosis, Societatibus vitae apostolicae, Institutis saecularibus et cunctis fidelibus de vita consecrata eiusque missione in Ecclesia ac mundo, in *AAS*, an. 88 (1996), p. 475; l'esortazione afferma: *Come nel passato le persone consacrate hanno saputo porsi con ogni mezzo al servizio dell'evangelizzazione, affrontando genialmente le difficoltà, così oggi sono interpellate in modo nuovo dall'esigenza di testimoniare il Vangelo attraverso i mezzi della comunicazione sociale. Tali mezzi hanno assunto una capacità di irradiazione cosmica mediante potentissime tecnologie, in grado di raggiungere ogni angolo della terra. Le persone consacrate, soprattutto quando hanno per carisma istituzionale operano in questo campo, sono tenute ad acquisire una seria conoscenza del linguaggio proprio di tali mezzi, per parlare in modo efficace di Cristo all'uomo di oggi.*

[20] Cfr. *Famiglie in rete. Per una educazione ai legami comunitari*, a cura di L. Benvenuti - V. Salerno - C. Vecchiet, Roma 2011.

[21] A. Kobylinski, *Modernità e postmodernità. L'interpretazione cristiana dall'esistenza al tramonto dei tempi moderni nel pensiero di Romano Guardini*, Roma 1998, p. 234-235.

elementi: politica, religione, arte, e simili. Con l'avvento di Internet e la possibilità di interscambio di messaggi istantanei, la rete sociale ha cambiato fisionomia e sotto alcuni aspetti è fuori controllo.

I "cosiddetti" *social network* sono considerati come piazze virtuali, dove attraverso interazioni sociali si hanno relazioni tipiche della vita quotidiana. Tuttavia, sebbene attraverso questi mezzi sia possibile testimoniare il vangelo, mostrare attività caritative e discutere progetti, in effetti sono anche luoghi dove si può fare *gossip*, chiacchiericci, fuggire dalla solitudine cercando relazioni e così via.

Come vivere la necessaria separazione dal mondo quando continuamente è possibile mettersi in piazza mediante i social network? I consacrati sono chiamati con ogni sforzo affinché il vangelo di Cristo sia portato ad ogni uomo con ogni mezzo ed intuizione, ma sempre mostrando fisicamente una vita ritirata, una vita completamente dedicata a Dio[22]. Essi sono chiamati a rendere a Cristo e alla Chiesa una testimonianza pubblica (can 607 § 3), non possono e non devono mettersi "in piazza", intesa come luogo di dissipazione ed evasione dove postare *selfie*, dove parlare di tutto e di tutti come opinionisti[23], dove compensare la propria solitudine cercando considerazioni[24]. Uno dei maggiori rischi in cui si può cadere è quello di trattare questioni dottrinali esponendo posizioni non proprio consone al magistero della Chiesa[25].

---

[22] GIOVANNI PAOLO II, es. ap.: *Vita Consecrata*, p. 475.

[23] Nelle discussioni *on-line* tutti gli stereotipi più beceri vengono fuori immancabilmente soprattutto quando le discussioni assumono toni infuocati. In nome della libertà di opinione sul web si possono scrivere cose orribili; M. BORRELLI – J. PIROMALLO, *Come pesci nella rete. Trappole, tentacoli e tentazioni del web*, Roma 2011, p. 2014. Anche nell'ambito della vita consacrata, spesso si cade nel tranello di postare le proprie opinioni in rete su questioni di fede, costumi, morale.

[24] A. Passetto in un testo dal titolo: *Dio non mi ha programmato per i selfie* afferma che: con un *selfie* un essere umano si sente meno solo – il *selfie* si è effettivamente evoluto perché se fino a poco tempo fa dichiarava solo la nostra esistenza nel mondo, ora testimonia la nostra vita sociale e l'inesistenza della solitudine; A. PASSETTO, *Dio non mi ha programmato per i selfie*, Milano 2015.

[25] È di domino pubblico una recente intervista a una consacrata, la quale ha affermato senza remore che: Maria era innamorata di Giuseppe quindi erano una coppia. Ed è normale in una coppia fare sesso, demolendo il dogma della verginità di Maria. Quello che si è scatenato sul web è impressionante, non tanto per la negazione del dogma, in sé già scandaloso, ma per la mole di opinionisti che hanno condannato o sostenuto la questione. È oggettivo che la religiosa si trovi in una situazione di errore dottrinale, ma il web non deve diventare per i religiosi la piazza virtuale dove esprimere opinioni; Si citano solo alcuni dei siti web dove è possibile conoscere la questione; Dichiarazione shock Maria non era vergine, chi lo dice una suora, roba da matti aggiungiamo noi, cfr. http://www.lalucedimaria.it/dichiarazioni-shock-maria-non-era-vergine-chi-lo-dice-una-suora-roba-da-matti-aggiungiamo-noi/, (24-05-2017); Spagna la monaca che fa scandalo negando la verginità di Maria,

La testimonianza è a servizio della missione ed è il primo compito della vita consacrata. Pertanto, è necessario non conformarsi con le scelte e gli stili disordinati ma presentarsi al mondo mediante una certa separazione.

È necessario ed indispensabile che il diritto proprio di ogni Istituto regolamenti l'uso improprio delle piazze virtuali, non per scelta esclusivamente moraleggiante ma perché è tenuto a rendere a Cristo e al suo popolo la testimonianza pubblica. La testimonianza non è solo un semplice attributo aggiuntivo alle molteplici qualità appartenenti alla vita religiosa, ma è parte essenziale e costitutiva di essa. Questo obbligo è necessario in quanto unico modo per essere missionari del vangelo ma soprattutto perché tenuti a rispettarlo nei confronti del Cristo. È un obbligo non negoziabile perché è rivolto a colui per il quale ci si consacra e che consacra. La testimonianza è necessaria alla vita e alla santità della Chiesa.[26]

1.3 La clausura e i mezzi di comunicazione

I nuovi media permettono all'utente di poter essere interattivo in ambiti differenziati: utente e sistema informatico, utente e contenuti mediali, utenti e media. L'interazione utenti e media permette di intervenire tra soggetti attraverso un processo di scambi di messaggi e una comunicazione *face to face*[27].

La comunicazione verbale faccia a faccia comporta un flusso di informazioni e di comunicazioni a due direzioni; le informazioni possono essere integrate da gesti, espressioni, ed hanno una collocazione spazio-temporale.

Con il potenziamento dei mezzi la visibilità è liberata dalle proprietà spaziali e temporali. Gli individui non necessitano più di una collocazione comune[28].

---

http://www.repubblica.it/esteri/2017/02/03/news/spagna_la_monaca_che_fa_scandalo_negando_la_verginita_di_maria-157501491/, (24-05-2017); Suora afferma che Maria non era vergine, durissime critiche delle consorelle, http://www.lafedequotidiana.it/suora-afferma-maria-non-vergine-durissime-critiche-dalle-sue-consorelle/, (24-05-2017)

[26] *CIC-1983*, can. 207 § 2.

[27] Cfr. S. PETICCA, *Il linguaggio delle e-mail*, coll. *La politica metodi storie teorie*, n. 50, Soveria Mannelli, 2002.

[28] Cfr. J. B. THOMPSON, *La nuova visibilità, in Comunicare le identità. Percorsi della soggettività nell'età contemporanea*, a cura di L. BOVONE – P. VOLONTÉ, Milano 2013, p. 188; Boni afferma che: *l'interazione faccia a faccia è costituita da sguardi, gesti, atteggiamenti e affermazioni verbali con cui gli individui,*

La comunicazione mediata permette agli individui di interagire oltre spazi e luoghi, fino ad entrare, mediante un semplice *computer*, *tablet* o *smartphone*, all'interno di tutti gli spazi dove è possibile agganciare una rete Internet.

I nuovi mezzi di comunicazione hanno ciò che è tipico della più comune forma di comunicazione tra gli uomini, ossia la "faccia".

La mancanza di spazio e temporalità nelle interazioni pone sul piano della vita consacrata alcune considerazioni in merito alla clausura. Prima di discorrere sul tema clausura-mezzi di comunicazione, è necessario comprendere cosa sia la clausura e se ha solo un valore giuridico o un significato anche teologico.

Il nuovo codice, semplificando la vecchia disciplina, dispone sulla necessità della clausura che tutti gli Istituti religiosi sono tenuti ad osservare secondo le determinazioni del diritto proprio.

Con particolare riferimento alla vita contemplativa femminile, la costituzione apostolica *Vultus Dei Quaerere,* utilizzando come fonte normativa il cannone 667, descrive il significato della clausura e le quattro modalità nelle quali si concretizza:

La clausura è stata codificata in quattro diverse forme e modalità: oltre a quella comune a tutti gli Istituti religiosi, ve ne sono tre caratteristiche delle comunità di vita contemplativa, dette papale, costituzionale e monastica. La clausura papale è quella «conforme alle norme date dalla Sede Apostolica» ed «esclude compiti esterni di apostolato».

La clausura costituzionale viene definita dalle norme delle proprie Costituzioni; e la clausura monastica, pur conservando il carattere di «una più rigorosa disciplina» rispetto a quella comune, permette di associare alla funzione primaria del culto divino forme più ampie di accoglienza e di ospitalità, sempre secondo le proprie Costituzioni. La clausura comune è la meno chiusa delle quattro[29].

Il primo aprile 2018 la Congregazione per gli Istituti di Vita Cosacrata e le Società di Vita Apostolica ha emanato una Istruzione applicativa della Costituzione apostolica

---

intenzionalmente o no, alimentano continuamente la situazione; F. BONI, *Sociologia della comunicazione interpersonale*, Bari 2007.

[29] FRANCESCO, cost. ap., *Vultum Dei quaerere*, 29 Giun. 2016, in coll. *Documenti eccleisali*, n. 51, Bologna 2016, n. 31.

Vultum Dei Quaerere[30], in essa vengono determinate concretamente le modalità per applicare le disposizioni della Costituzione.

Dalla codificazione attuale emerge un dettaglio importante: la clausura è una concretizzazione materiale della separazione dal mondo, necessaria per quanti seguono Cristo nella vita religiosa particolarmente per coloro che sono dediti alla vita contemplativa.

Il richiamo non è esclusivamente di natura giuridica ma ha una radice e un significato teologico: il segno dell'amore e dell'unione del consacrato con il suo sposo, la propensione alla Gerusalemme celeste, la risposta alla priorità di stare con il Signore, il non conformarsi alla mentalità del mondo.

Le consacrate che vivono all'interno dei monasteri dediti alla vita contemplativa sono distaccate fisicamente dalle realtà terrene, anche se questo aspetto non esaurisce la portata e il significato di questo distacco.

Ogni forma di vita religiosa, ciascuna secondo le proprie modalità, deve concretizzare fisicamente la separazione dal mondo mediante uno spazio fisico.

Per gli Istituti religiosi dediti all'apostolato è chiesto che almeno una parte della casa sia riservata ai soli religiosi. I nuovi mezzi di comunicazione, specialmente quelli che hanno un flusso di informazioni e di comunicazioni a due direzioni, invadono tutti gli spazi, persino quelli della clausura.

Nell'esortazione apostolica *Vita Consecrata*, Giovanni Paolo II afferma che la clausura è rinuncia allo «spazio», ai contatti; questo principio per analogia deve essere applicato, secondo le proprie modalità, a tutta la vita religiosa[31].

---

[30] CONGREGAZIONE PER GLI ISTITUTI DI VITA CONSACRATA E LE SOCIETÀ DI VITA APOSTOLICA, istr., *Cor Orans. Istruzione applicativa sulla vita contemplativa femminile*, Città del Vaticano, 2018.

[31] GIOVANNI PAOLO II, es. ap.: *Vita Consecrata*, p. 431; Giovanni Paolo II nell'esortazione apostolica sulla vita consacrata, parlando della clausura afferma: la clausura risponde all'esigenza, avvertita come prioritaria, *di stare con il Signore*. Scegliendo uno spazio circoscritto come luogo di vita, le claustrali partecipano all'annientamento di Cristo, mediante una povertà radicale che si esprime nella rinuncia non solo alle cose, ma anche allo «spazio», ai contatti, a tanti beni del creato. Questo modo particolare di donare il «corpo» le immette più sensibilmente nel mistero eucaristico. Esse si offrono con Gesù per la salvezza del mondo. La loro offerta, oltre all'aspetto di sacrificio e di espiazione, acquista anche quello di rendimento di grazie al Padre, nella partecipazione all'azione di grazie del Figlio diletto.

Com'è possibile separarsi fisicamente dal mondo se questo entra in tutti gli spazi mediante i mezzi di comunicazione?

Come è possibile conciliare la clausura papale e i nuovi *social media*? Il diritto proprio deve regolare questa lacuna giuridica tutelando questa "istituzione ascetica", forma peculiare della separazione dal mondo[32]

---

[32] PAOLO VI, mot. pro., *Ecclesiae Sancta*, 6 Aug. 1966, Datum Romae, apud S. Petrum, Normae ad quaedam exsequenda SS. Concilii Vaticani II Decreta statuuntur, in *AAS* 58 (1966), p. 780; Paolo VI nel Motu Proprio Ecclesiae Sancta afferma: *La clausura papale dei Monasteri deve essere considerata come un'istituzione ascetica singolarmente coerente con la vocazione particolare delle monache, e come il segno, la protezione e la forma speciale del loro ritiro dal mondo. Le Monache dei riti Orientali osserveranno la loro propria clausura nello stesso spirito. Questa clausura deve essere sistemata in modo che la separazione materiale da tutto ciò che è esterno sia sempre assicurata. Ma ogni Famiglia religiosa, secondo il suo spirito specifico, può stabilire e definire nelle sue Costituzioni le norme particolari di questa separazione materiale.*

2. *Servetur necessaria discretio*

2.1 La necessaria discrezione nell'uso dei mezzi di comunicazione: questione terminologica

Si assiste ad un rilancio indiscriminato di ciò che è spettacolare, dove assume rilevanza ciò che è visibile, tangibile, straordinario. I mezzi di comunicazione spingono gli utenti a dover essere presenti, protagonisti di successo, e a mostrare ogni attività. Il visibile deve essere protagonista indiscusso, la vita privata è esibita come uno *spot* pubblicitario.

Il canone 666 afferma che nell'uso dei mezzi di comunicazione serve una necessaria discrezione. Questa è una virtù essenziale nella vita religiosa, o meglio, gli Istituti e i religiosi sono chiamati ad essere una presenza discreta nel mondo. È doveroso analizzare dal punto di vista terminologico la parola *discretio* per una giusta applicazione e comprensione della norma canonica. Il termine latino *discretio* letteralmente significa: discernere, giudicare, custodire, distinguere.

La discrezione come discernimento è un elemento fondamentale di tutta la tradizione cattolica. Il discernimento permette al soggetto e alla comunità di separare il vero dal falso, di osservare ciò che è insito nelle cose senza fermarsi alle apparenze. Questa pratica non è solo un'ascesi puramente spirituale o una virtù teologica che il singolo deve applicare secondo criteri spirituali. Nel primo monachesimo il discernimento viene presentato come carisma istituzionale che permette ai monaci di ottenere una norma per il governo della comunità monastica.[33] Il discernimento viene impiegato dai monaci nelle applicazioni pedagogico-disciplinari, ha un'origine divina ed una compartecipazione da parte dell'uomo, tanto da rientrare come criterio istituzionale nelle prime regole religiose.[34] Per evitare che il discernimento sia un criterio regolato

---

[33] R. ALCIATI, *Il De Discretione di Cassiano e la sua influenza nella letteratura ascetica posteriore (secoli V-VII)*, in *Rivista di storia del Cristianesimo*, n. 1 (2009), p. 65-98.

[34] F. Vecoli, parlando della trasformazione del discernimento in pratica istituzionale afferma che: *In principio, il discernimento appare come una tecnica finalizzata all'analisi delle visioni e delle suggestioni inviate dagli spiriti; nasce insomma come uno strumento utile per l'ascesi personale: si tratta di evitare che la pericolosa combinazione data dalle asprezze delle mortificazioni - porti il monaco a non distinguere più le macchinazioni dei demoni dalle reali conquiste spirituali. – la produzione di regole monastiche e l'intervento istituzionale dei vescovi pone argini sempre più astringenti all'effervescenza incontrollata del discernimento*; F. VECOLI,

da fervori personali, è necessario che venga "istituzionalizzato" dalle competenti autorità. La parola discernere si realizza attraverso due fasi concrete. La prima fase è accessibile a tutti i fedeli cristiani mediante un giudizio conforme alla verità e disciplinato alla luce delle capacità naturali presenti nella coscienza illuminata della parola di Dio.[35] La seconda fase del discernimento è istituzionale e si concretizza attraverso le norme dettate dalla competente autorità per evitare eccessi di ascetismo o di lassismo.

a) *La discrezione personale*

La discrezione accessibile a tutti i fedeli cristiani deve possedere alcuni principi fondamentali: l'umiltà, il ritiro, il distacco. Sant'Agostino afferma che Dio guarda gli umili da vicino e che l'umiltà è il fondamento dell'edificio spirituale.[36] L'umiltà non deve essere definita come alienazione del proprio io a vantaggio dell'altro, oppure come remissività estrema. L'umiltà deve essere definita come freno alla soggettività, è un'obbedienza all'altrui virtù senza condannare il proprio valore. Il vero umile è l'obbediente (*ob-udire*) che presta ascolto (*ob*) dinanzi. La discrezione umile, dunque, è la capacita di guardare le cose nel giusto modo, ossia dinanzi.[37] Altro attributo necessario alla discrezione personale è il ritiro. Dio si ritira il settimo giorno per aprire, in modo più particolare all'umano, uno spazio di autonomia e di responsabilità[38]. La discrezione come "ritiro", che permette di avere autonomia di pensiero sulle cose che ci circondano, può essere definita come anti-massificazione. Il ritirarsi permette di compiere scelte responsabili con conseguenze sul piano della vita materiale. L'ultimo principio fondamentale della discrezione è il distacco. Questo è un dovere spirituale per tutti i cristiani, è la capacità di essere nelle situazioni senza toccarle, allontanarsi senza mai perdersi. Zaoui nel testo intitolato *L'arte di scomparire*, parlando della discrezione afferma: "Ma allora cosa la rende, nonostante tutto, un'esperienza quasi altrettanto difficile come quella della beatitudine? – come riuscire a farsi discreti in una

---

Trasformazione del discernimento in pratica istituzionale nella tradizione egiziana, in *Rivista di storia del Cristianesimo*, n. 1 (2009), p. 39.

[35] Cfr. UGO DA S. VITTORE, *Sei opuscoli spirituali*, in *Sources Chrétiennes*, n. 14, ed. ita, Bologna 2016, p. 77.

[36] Cfr. AUGUSTINUS HIPPONENSIS, *Discorsi, su argomenti vari*, testo latino dell'edizione Maurina e delle edizioni postmaurine, trad. e note di L. CAROZZI, n. II/1, Roma, 1982, p. 395-398.

[37] Nella celebre *collatio* II: *De discretione*, Cassiano afferma: *Rispose Mosè, e disse: la vera discrezione, non si impara se non con la vera umiltà, e non finta*; GIOVANNI CASSIANO, Collationum XXIV, in *PL* 49, p. 538.

[38] A. WÉNIN, *Non di solo pane. Violenza e alleanza nella Bibbia*, Bologna 2004, p. 21.

società dove praticamente tutto, dal mondo dell'impresa al mondo dell'arte, passando per la televisione e i *social network*, è lì a ricordarci che essere è unicamente essere percepito"[39]? Per Zaoui la discrezione non deve essere intesa come tratto di un carattere, ovvero come qualcosa che appartiene ontologicamente ad una persona, piuttosto come un'arte che non ha la qualità della permanenza ma si differenzia in base alle esperienze[40].

Sintetizzando si può affermare che: la discrezione è l'arte dell'umile che discerne le situazioni (*ob-udire*) guardando i doni dell'altro senza sminuire i propri doni, l'arte del ritirarsi per riappropriarsi di autonomia e responsabilità, l'arte del distacco che non identifica l'essere con l'apparire. Le dimensioni appena analizzate appartengono al discernimento personale. Nella lettera VI di Eloisa ad Abelardo, parlando della discrezione si afferma: "La discrezione è la madre di tutte le virtù e la razionalità è la regola di tutti i beni, chi potrebbe ritenere virtù ciò che intende discordare da esse"[41]? Per Caterina da Siena la discrezione è necessaria alla salute dello spirito, essa permette la conoscenza di sé e di Dio. Per la santa senense il principio di ogni bene è la discrezione in quanto essa è figlia della Carità.[42] R. Massaro riflettendo sulla dimensione etica dei mezzi di comunicazione sociale afferma: "La decisione sul bene da fare e sul male da evitare costituisce il cuore della speculazione etica e della vita morale del credente – ogni nostra decisione ha sempre ripercussioni più vaste. Tutto ciò non può non entrare nel nostro discernimento"[43].

Nelle società organizzate è necessario che la libertà discrezionale abbia dei limiti fissati dalla legge per non correre il rischio di eccessi nell'autodeterminazione. La discrezione, dunque, deve avere una determinazione personale e comunitaria, quest'ultima fissata da una precisa normativa.

---

[39] P. ZAOUI, *L'arte di scomparire. Vivere con discrezione*, trad. it. A. GUARESCHI, Milano 2015, p. 24.

[40] P. ZAOUI, *L'arte di scomparire,* p. 31-32.

[41] *Epistolario di Abelardo ed Eloisa*, a cura di I. PAGANI, in coll. *Classici Latini*, Torino 2004, p. 341.

[42] S. CATERINA DA SIENA, *Lettera CCXIII*, in: *Lettere di S. Caterina da Siena Vergine Domenicana*, Siena 1922, p. 293-310.

[43] P. CONTINI- R. MASSARO, *Smartlife. Identità e relazioni al tempo della rete,* Campobasso 2018, p. 136-142.

b) *La* discretio *comunitaria*

Il canone 1095§ 2 afferma che coloro che difettano gravemente di discrezione di giudizio sono incapaci di contrarre il matrimonio, in quanto non sono in grado di valutare i diritti e i doveri propri di tale istituzione. La *discretio iudicii* è una capacità critica, che rende capace il soggetto sul piano volitivo di prendere decisioni. Sul piano giurisprudenziale la Rota romana afferma che la *discretio iudicii* comprende anche la capacità di dominare le pulsioni e gli affetti interiori[44]. La norma canonica pone un limite alla mancanza di discrezione di giudizio affermando che coloro che ne difettano gravemente non sono capaci di contrarre matrimonio. La discrezione di giudizio può *deficere* a causa di alcune patologie o dipendenze presenti anche nell'eccessivo uso dei mezzi di comunicazione.

Il continuo uso dei mezzi di comunicazione può creare una sorta di dipendenza patologica limitando il soggetto nel discernimento di un uso corretto degli stessi. Un altro pericolo che può minare l'uso discreto dei mezzi di comunicazione è la pornografia, che con il suo *business* è il primo oggetto di ricerca nel mondo del *web* tanto da essere soprannominata: *the drug of new millennium*[45]. Questa droga crea una sorta di dipendenza o "vizio" che limita la capacità di discrezione personale di giudizio nell'utilizzo dei mezzi di comunicazione. La discrezione personale dei consacrati nell'uso dei mezzi di comunicazione è la base fondamentale dalla quale non si può prescindere. Ma spesso la capacità critica personale di discernimento è limitata a causa delle pulsioni, delle dipendenze, degli affetti disordinati. La discrezione personale deve rientrare all'interno di un sistema osservato. Questo significa che non è solo il soggetto a fare un discernimento ma che l'intero Istituto "osserva" il soggetto mediante il suo ordinamento giuridico. Le norme sono chiamate a tutelare il bene di tutti i soggetti e dell'intero Istituto. Il diritto proprio degli Istituti religiosi è chiamato a formulare una normativa concreta sull'uso dei mezzi di comunicazione. Le norme non devono semplicemente restringere l'impiego dei mezzi di comunicazione, bensì esprimere concretamente la necessaria discrezione che l'Istituto deve avere nell'uso di tali mezzi. Per di più, tali norme devono includere sia l'impiego passivo che quello attivo ed interattivo dei mezzi di comunicazione.

---

[44] Cfr. L. CHIAPPETTA, *Il codice di diritto canonico. Commento giuridico pastorale,* 3ª ed., 1-3., a cura di F. CATOZZELLA – A. CATTA – C. IZZI – L. SABBARESE, Bologna 2011, p. 351.

[45] Cfr. M. B. KSTLEMAN, *The drug of new millennium*, Assago 2009.

2.2. Canone 666 e nuovi orizzonti

Il legislatore pone il divieto del canone 666 in una speciale correlazione al voto di castità: *et castitati personae consecratae periculosa*. L'attuale sviluppo dei mezzi di comunicazione pone in essere molteplici considerazioni, così che non è possibile relazionare il divieto esclusivamente al voto di castità. Con l'avvento di Internet le piazze commerciali sono sempre più virtuali, infatti è possibile rintracciare siti di *e-commerce* specializzati nella vendita di beni o servizi.

La commissione UE definisce *l'e-commerce* come: lo svolgimento di attività commerciali e di transazioni per via elettronica comprende attività diverse quali la commercializzazione di beni e servizi per via elettronica, la distribuzione *on-line* di contenuti digitali, l'effettuazione per via elettronica ed altre procedure di tipo transattivo della Pubblica Amministrazione"[46].

Le attività commerciali che rientrano nella definizione della commissione europea sono molteplici: aziende che fruiscono informazioni commerciali, aziende che vendono ad altre aziende, prodotti da consegnare fisicamente (libri, prodotti elettronici, cancelleria), aziende che erogano servizi (assicurazioni, servizi finanziari, musica), aziende che si occupano di prenotazioni (alberghi, aerei), aziende che gestiscono approvvigionamenti (cibo, bevande)[47].

La caratteristica principale dei siti di *social shopping* è quella di stimolare costantemente l'acquisto[48], con il rischio di dissolvenza della capacità di discernimento circa l'utilità dei prodotti acquistati. Internet non è solo la nuova piazza commerciale dove poter acquistare beni e servizi, ma una piazza virtuale dove poter diventare commercianti senza una speciale licenza. La vendita di prodotti episodica non è tassabile, vale a dire che non si dovrà emettere fattura, né si dovrà applicare l'IVA, tantomeno bisognerà richiedere autorizzazioni o fare preventive comunicazioni[49].

---

[46] *Comunicazione delle Commissione europea al Parlamento europeo*, COM (97), 197.

[47] Cfr. E. GUIDOTTI, *Impresa nella rete. Applicazione web based per la gestione, la comunicazione e il commercio on line,* Milano 2012, p. 114.

[48] Cfr. S. SECINARO, *L'economia delle aziende di social Shopping*, coll. *Università di Torino- Istituto di ricerche economico,* Milano 2012.

[49] Cfr. A. SANTUARI, *Le organizzazioni no profit*, Coll. *Sapere e diritto*, Milano 2012, p. 284.

Un altro orizzonte che sta popolando il web e che sta assumendo dimensioni incontrollate è il TOL, abbreviazione della parola inglese *Trading online*. Il *trading online* è uno strumento attraverso il quale investire denaro in borsa, una categoria di negoziazione digitalizzata. Le società finanziare mettono a disposizione dei clienti delle piattaforme attraverso le quali si possono visualizzare i titoli presenti sulle principali borse. Il servizio permette di sfruttare alcuni strumenti finanziari come azioni, titoli di stato, obbligazioni, e il web permette di ammortizzare i costi di commissione dove gli investitori possono controllare personalmente i propri titoli.

Tra i prodotti finanziari presenti online è possibile rintracciare i contratti assicurativi "caso vita", che si differenziano in assicurazioni di tipo elementare (capitale differito) e di tipo complesso (rendite vitalizie). Una delle forme popolari di investimento assicurativo è l'assicurazione di capitale differito, che consiste in un contratto nel quale l'assicuratore si impegna a pagare al beneficiario (capitale assicurato) a condizione che l'assicurato sia in vita dopo un periodo di tempo stabilito dall'assicuratore[50].

I mezzi di comunicazione sociale hanno assunto una nuova veste, impensabile alla pubblicazione del codice del 1983. Pertanto, è necessario fare altre considerazioni in merito al canone 666 correlandolo anche al voto di povertà. Il canone 600 afferma:

"Il consiglio evangelico della povertà, ad imitazione di Cristo che essendo ricco si è fatto povero per noi, oltre ad una vita povera di fatto e di spirito da condursi in operosa sobrietà che non indulga alle ricchezze terrene, comporta la dipendenza e la limitazione nell'usare e nel disporre dei beni, secondo il diritto proprio dei singoli Istituti".

I nuovi mezzi di comunicazione sociale possono mettere in pericolo il religioso dal dovere di osservare il voto di povertà. Il diritto proprio deve provvedere limitando l'uso improprio della piazza virtuale per non incorrere soprattutto nelle commercializzazioni e nelle attività affaristiche vietate, già punite dal canone 1392. Per incorrere nella pena canonica è necessario che le attività commerciali svolte sul web siano abituali, cosa che può avvenire tramite il *trading online* poiché richiede speculazioni finanziarie prolungate nel tempo.

---

[50] Cfr. P. MAZZOLENI, *Dal metodo attuale all'approccio finanziario. Per le assicurazioni sulla vita,* Milano 2012, p.75; A. DONATI – G. VOLPE PUTZOLU, *Manuale di diritto delle assicurazioni*, Milano 2009.

2.3 Diritto proprio: possibilità *de iure condendo*

Di seguito si riportano alcuni esempi concreti che possono essere la base per la formulazione di una normativa sulla materia.

Primo livello: ***le Costituzioni***

Le costituzioni vanno considerate come un codice fondamentale, sono un insieme di norme. Queste traducono nel concreto il carisma autentico e riconosciuto dalla Chiesa. Le Costituzioni non devono contenere norme troppo minuziose. Per quanto concerne l'utilizzo dei mezzi di comunicazione, esse dovrebbero contenere una norma generale che gli statuti e i direttori devono concretizzare nello specifico.

Esempio:

Nell'uso degli strumenti di comunicazione sociale, i religiosi (frati, sorelle, etc.) evitino tutte le azioni che possano danneggiare la vita fraterna e mettere in pericolo i consigli evangelici. Qualora vi fosse qualche abuso nell'utilizzo dei mezzi di comunicazione, i superiori (Ministri, Madri, Responsabili etc.) ammoniscano il religioso con rispetto e diligenza.

Secondo livello: ***Statuti o Direttori***

Le costituzioni rappresentano il codice fondamentale attraverso il quale il patrimonio e i progetti dei fondatori e i consigli evangelici sono da osservarsi. Gli statuti o i direttori, invece, entrano più nello specifico realizzando gli aspetti pratici. Per quanto concerne l'argomento trattato gli statuti o i direttori devono regolare:

a) ***Vita fraterna***

La vita fraterna nelle comunità religiose è un elemento essenziale, sia nelle comunità monastiche, sia in quelle contemplative, sia in quelle dedite alla vita apostolica, ciascuna secondo il proprio specifico.

La comunità fraterna è il luogo dove Dio manifesta il suo progetto di comunione e dove avvengono le scelte concrete per attuare la missione[51]. L'abuso dei mezzi di comunicazione spesso si frappone al dialogo e tende all'isolamento dei soggetti. Non

---

[51] CONGREGAZIONE DEGLI ISTITUTI DI VITA CONSACRATA E LE SOCIETÀ DI VITA APOSTOLICA, *La vita fraterna in comunità*, Città del Vaticano 1994.

di rado si assiste al fenomeno di *smartphone* che squillano durante la preghiera, oppure di religiosi che continuamente rispondono a messaggi istantanei durante i pasti e gli incontri. Gli statuti e i direttori dovrebbero regolare l'abuso e l'eccesso di tale utilizzo. Perché materialmente si concretizzi la separazione dal mondo, gli statuti/direttori dovrebbero, secondo il proprio stile, limitare l'uso di questi nuovi mezzi di comunicazione almeno nei momenti comunitari come la preghiera, i pasti e le riunioni fraterne.

Esempio:

Per salvaguardare la comunione fraterna, vincolo di comunione e primo strumento di evangelizzazione, si eviti in tutti i modi l'utilizzo dei mezzi di comunicazione nei momenti comuni, soprattutto durante i pasti, la preghiera e i momenti di condivisione fraterna.

b) *I voti*

Per quanto concerne i voti, il diritto proprio dovrebbe prevedere alcuni limiti nell'utilizzo dei mezzi di comunicazione soprattutto per salvaguardare il voto di castità e povertà. Le norme potrebbero contemplare l'utilizzo di filtri a contrasto della pornografia. Per quanto concerne la povertà, è necessario introdurre dei limiti nell'utilizzo dei siti di e-commerce per non cadere nelle commercializzazioni vietate. La formazione iniziale deve prestare un'attenzione più specifica in rapporto ai nuovi mezzi di comunicazione. Infatti, i giovani sono in contatto diretto con queste realtà sin dalla tenera età. Nel campo della formazione è necessario, dunque, che il diritto proprio stabilisca una formazione attenta al coretto uso dei mezzi di comunicazione.

Esempi:

1. Le fraternità/comunità si adoperino affinché la rete Internet sia salvaguardata mediante filtri o protezioni familiari per evitare che tutto ciò possa nuocere la castità.
2. Per alienare, acquistare e per le altre attività commerciali *online* siano osservate le norme del diritto universale e proprio astenendosi da facili guadagni e dalle commercializzazioni vietate.

c) *La clausura*

L'istruzione *Cor Orans* della Congregazione degli Istituti di Vita Consacrata e delle Società di vita Apostolica, proferendo sull'uso dei mezzi di comunicazione in riferimento alla vita contemplativa, afferma che: "si può, infatti, svuotare il silenzio contemplativo quando si riempie la clausura di rumori, di notizie e di parole. - Tali mezzi pertanto devono essere usati con sobrietà e discrezione, non solo riguardo ai contenuti ma anche alla quantità delle informazioni e al tipo di comunicazione".

Nei monasteri dove vige la clausura papale, che esclude compiti esterni di apostolato, l'ingresso nel monastero è consentito ad una ristretta categoria di persone. I nuovi mezzi di comunicazione interattivi, dove è prevista l'interazione *face to face*, porta i soggetti, seppur non fisicamente, all'interno delle mura dei monasteri. L'istruzione *Cor Orans* afferma che: "La modalità della separazione dall'esterno dello spazio esclusivamente riservato alle monache deve essere materiale ed efficace, non solo simbolica o spirituale".[52] L'ingresso delle interazioni *face to face* nelle mura dei monasteri genera una violazione della clausura, degli spazi riservati. I soggetti non entrano fisicamente ma virtualmente. Il diritto proprio dei monasteri, dediti interamente alla vita contemplativa, dovrebbe prevedere l'istituzione di uno spazio (come il parlatorio) dove poter usufruire dei mezzi interattivi.

d) *Opinioni non conformi al magistero*

Su diverse piattaforme virtuali si assiste a religiosi che si espongono come opinionisti spesso affermando teorie non conformi al magistero. Il Canone 823 - §1 afferma: "Perché sia conservata l'integrità della verità della fede e dei costumi, i pastori della Chiesa hanno il dovere e il diritto di vigilare che non si arrechi danno alla fede e ai costumi dei fedeli con gli scritti o con l'uso degli strumenti di comunicazione sociale". I religiosi non possono pubblicare sui *social* teorie soprattutto su questioni fondanti come la fede e la morale. Il diritto proprio dovrebbe vietare ai religiosi di presentare questioni sulla fede e i costumi sulle piazze virtuali senza un'autorizzazione da parte della legittima autorità.

e) *Religiosi chierici*

Alcuni religiosi chiamati da Dio alla vita sacerdotale devono prestare particolare attenzione all'uso dei mezzi di comunicazione, soprattutto durante il loro delicato ministero. Non di rado si assiste a religiosi che rispondono al telefono durante le concelebrazioni o maneggiano i telefoni durante le azioni sacre.

All'interno dei confessionali non si devono assolutamente utilizzare i cellulari per diversi motivi. Il principale motivo è quello di non rendere il sacramento odioso per la

---

[52] Cfr. CONGREGAZIONE PER GLI ISTITUTI DI VITA CONSACRATA E LE SOCIETÀ DI VITA APOSTOLICA, istr., *Cor Orans. Istruzione applicativa sulla vita contemplativa femminile*, Città del Vaticano, 2018.

mancanza di ascolto da parte del confessore. Il secondo motivo è la possibilità che il sigillo sacramentale sia violato. I nuovi mezzi di comunicazione sono facilmente agganciabili da *haker* in grado di dominare i telefoni senza alcun sintomo apparente. L'*haker* attraverso il telefono può ascoltare le conversazioni, può scattare foto. Per questo motivo all'interno dei confessionali il cellulare dovrebbe essere completamente spento. Pertanto, il diritto proprio deve regolare l'uso dei mezzi di comunicazione in rapporto a quei religiosi chiamati alla vita sacerdotale.

***Esempi*:**

1. I religiosi presbiteri dovrebbero evitare in ogni modo l'utilizzo dei mezzi di comunicazione durante le funzioni liturgiche.

2. Il confessore nel sacramento della riconciliazione è chiamato ad essere portatore di un evento di grazia, i religiosi presbiteri non dovrebbero entrare nel confessionale con il telefono accesso né tantomeno utilizzarlo durante i colloqui sacramentali.

3. Alla ricerca di un locus theologicus: alcune considerazioni

3.1 Il male non è nei mezzi di comunicazione

René Girard afferma che: "I persecutori finiscono sempre per convincersi che un piccolo numero di individui, persino uno solo, possa rendersi nocivo all'intera società - la folla tende sempre verso la persecuzione perché le cause naturali di ciò che la sconvolge, di ciò che la trasforma in turba, non possono interessarla"[53].

È un istinto dell'individuo, ma soprattutto del collettivo, cercare il male nelle persone e nelle cose. Spesso ciò che fa paura lo si allontana, lo si annienta. È necessario tornare alla natura delle cose per non correre il rischio di cercare un colpevole ed annientarlo.

Nel lontano 1979, ai candidati alla maturità magistrale fu data una traccia dal titolo: I mezzi di comunicazione di massa hanno profondamente trasformato i costumi della società. Il titolo di questo tema suscita una riflessione. Sono i mezzi di comunicazione di massa a trasformare la società o è la società che sta cambiando e che utilizza per il suo cambiamento i mezzi di comunicazione sociale? Se i mezzi di comunicazione sociale sono i colpevoli di un'azione negativa il rischio è quello di indicizzarli e distruggerli come causa efficiente di un male. Tornare alla natura delle cose significa dire il vero, ossia il male non è nelle cose ma in chi muove le cose. Il male non è nei mezzi di comunicazione, che per alcuni mina il campo della vita religiosa, ma nella vita religiosa che perdendo la sua natura fa di questi strumenti un cattivo uso. Il *focus* della questione non dovrebbe essere incentrato sui *mass media* ma sulla vita religiosa.

Vietare i mezzi di comunicazione sociale non garantirebbe la soluzione dei problemi, sarebbe solo un'inutile violenza[54].

---

[53] R. GIRARD, *Il capo espiatorio*, trad. it. a cura di C LEVERD – F. BOVOLI, Milano 2004, p. 34.

[54] Recentemente sugli altari delle cronache è emersa una questione che andrebbe approfondita. Un *escort* per uomini del napoletano ha consegnato alla curia di Napoli un fascicolo di circa 1200 pagine contenente *chat* private di presunti incontri sessuali, anche con elargizione di denaro, che vedono coinvolti presbiteri e seminaristi. La natura di questi incontri sarebbe omosessuale. Il dossier conterrebbe degli *screenshot* di conversazioni molto esplicite tra preti, alcuni seminaristi e l'*escort*. Il cardinale Sepe ha annunciato che il dossier sarebbe finito nelle mani della Curia Romana. La diocesi di Cosenza ha istituito un centro di ascolto

3.2 Riflessione *ad intra*: la natura della vita consacrata.

Un detto ormai inflazionato è quello del tempio di Apollo a Delfi: "Uomo conosci te stesso". Pur non mancando di rispetto a questa sapienza antica si potrebbe traslitterare la frase con: Vita Religiosa conosci te stessa!

Il canone 573 sinteticamente offre al lettore l'essenza e il significato della vita consacrata. In particolare, il codice di diritto canonico del 1983 ci offre due espressioni rilevanti: *Pressius* e *totaliter*.

Cosa significa seguire Cristo *pressius*? L'evangelista Marco afferma che Cristo chiamò quelli che voleva perché stessero con Lui[55]. Dal racconto evangelico emerge chiaramente che all'origine dello stare con Lui vi è una chiamata. Cristo sceglie chi vuole, quindi, non esiste un diritto alla vita consacrata, ma una chiamata ad essa. Il discernimento alla vita consacrata è essenziale, è un indispensabile punto di partenza. Nel discernimento c'è la Chiesa che chiama a qualcosa di straordinario: stare con Lui, presso di Lui. Lo stare con Cristo apre il chiamato ad una sola attesa: quella del regno di Dio. La castità, la povertà e l'obbedienza sono una dimostrazione che le cose del mondo non saziano il cuore e che la vita donata corrisponde ad un'attesa. L'attesa del chiamato è vigile, incondizionata, appassionata[56].

Ardere della fiamma di Cristo, appassionarsi per Cristo è il rimedio, la medicina, l'unica arma di salvezza contro quelle che sono comunemente chiamate passioni. Se non ci si appassiona a Cristo ci si appassiona ad altro. La vita ha bisogno di passioni e il consacrato sceglie, vive, arde della sua fiamma per Cristo.

Tuttavia non è sufficiente la sola chiamata, poiché molti sono i chiamati ma pochi gli eletti[57]. Per raggiungere l'elezione è necessario stare più vicino a Lui. La vita consacrata è una chiamata a stare negli esempi e negli insegnamenti del "lieto

---

per raccogliere segnalazioni inerenti ad eventuali abusi perpetrati dai sacerdoti. Quello che ha originato questo scandalo è un'inutile "caccia alle streghe" con risultati solo marginali. La questione dovrebbe sollevare riflessioni *ad intra* sulla natura di questi comportamenti anziché persecuzioni inutili che creano vittime e non risolvono la questione; Cfr. siti internet: https://it.aleteia.org/2018/03/06/incontri-sesso-orge-preti-seminaristi-napoli/2/

[55] Cfr. *Mc* 3, 13-19.

[56] Cfr. BENEDETTO XVI, disc., *Un frammento del fulgore irradiato da Gesù splendore di verità*, in: *Insegnamenti di Benedetto XVI*, III (1), Roma, 2008, p. 154.

[57] Cfr. *Mt* 22, 14.

annuncio". I valori fondamentali trasmessi da Cristo alla Chiesa sono parte essenziale del consacrato. Il religioso conosce Cristo perché sta con Lui, non vive secondo il sentito dire ma ne fa esperienza. Segue il Cristo senza compromessi, "totaliter", così come lo ha conosciuto nei vangeli. Il religioso è totalmente a servizio. Come Cristo nell'ultima cena offre totalmente se stesso in quel pane "questo è il mio corpo", così il religioso nella professione dei consigli offre tutto se stesso. Il significato dell'offerta non è apparente ma tangibile[58].

Non è più lui che vive ma Cristo vive in lui ed è possibile vederlo, toccarlo, se il consacrato è veramente fedele alla sua chiamata. La vita religiosa è un dono di Dio e se corrisponde alla sua natura sarà certamente lontana dai pericoli.

3.3 Gioco, cibo ed eros in tensione verso le virtù della fede, della speranza e della carità

Il singolare titolo di un'opera pirandelliana "L'uomo, la bestia e la virtù" ha indubbiamente ispirato quest'ultima parte del lavoro con sostanziali differenze di trama. Le tre realtà esistenziali dell'uomo sono il gioco, il cibo e l'eros che tendono verso le virtù della fede, la speranza e la carità. La bestia che si frappone tra l'uomo e le virtù è la morte. Queste tre realtà esistenziali nella vita dell'uomo vanno valorizzate all'interno delle comunità o fraternità religiose. Sono aspetti dell'uomo che vanno equilibrati e vissuti all'interno di una consacrazione religiosa. Senza l'armonizzazione di queste realtà umane non si possono raggiungere le virtù divine.

La prima dimensione umana è il gioco. L'uomo e il gioco sono due realtà inscindibili, essenzialmente legate. La caratteristica principale del gioco è il suo carattere ricreativo, esso ricrea la mente ed il corpo. Nelle fraternità religiose il gioco non ha importanza

---

[58] Per analogia si potrebbe fare riferimento alla celebrazione eucaristica, dove avviene la conversione di tutta la sostanza del pane nella sostanza del Corpo di Cristo, quindi vi è Cristo corporalmente. Così, con una similitudine forse eccessiva, il consacrato si dona fisicamente e spiritualmente, *totaliter* al suo Signore. Il consacrato nella professione dei consigli evangelici, come Cristo, afferma: questo è il mio corpo, casto, povero, obbediente. Sotto la specie del pane è veramente presente il corpo di Cristo, così il consacrato che è presso Cristo ed è totalmente suo viene "Cristificato" Il paragone utilizzato potrebbe risultare eccessivo. Certamente è impossibile paragonare il concetto di presenza reale dell'eucarestia alla donazione di sé del religioso nella professione. Il paragone è un'estremizzazione per mostrare una certa somiglianza, la tensione a cui dovrebbe tendere il religioso.

solo nella sua caratteristica principale, ossia l'essere ricreativo, ma anche per un altro aspetto conseguenziale, quello sociale. Il gioco rafforza i vincoli, stringe i legami, crea relazioni interpersonali. Proprio grazie all'aspetto sociale "Per il gioco", il religioso deve essere disposto a sfidare se stesso difronte al bivio: vincere o perdere - vita o morte. Ma quando si vince? E quando si perde? Nelle attività di intrattenimento, nei cosiddetti "giochi di squadra", vince colui o coloro che mostrano al meglio delle attitudini raggiungendo il traguardo stabilito. Mentre perde colui che non raggiunge il traguardo e si lascia sopraffare dalle abilità altrui. La tensione tra desiderio di vincere e possibilità di perdere genera il divertimento che è il frutto del gioco. Nella vita religiosa questo aspetto vincere – perdere, vita- morte assume toni e significati differenti.

Nel libro della *Genesi* si racconta che Giacobbe dopo aver ottenuto in moglie Rachele decide di tornare nella terra di Canaan[59]. Ma Esaù, saputo del ritorno del fratello, gli va incontro con l'intento di cercare vendetta. Giacobbe, arrivato nelle vicinanze della terra, manda dei servi con dei doni per cercare di riconquistarsi il fratello, fa passare oltre il guado dello (jabbok) la moglie con i figli e rimane solo oltre il torrente. Quella notte è particolarmente agitata per Giacobbe, egli è solo. All'improvviso un uomo si avvicina, lo afferra alle spalle e comincia con lui una lotta che durerà tutta la notte fino all'aurora. Giacobbe sembra vincere nella lotta e la presenza misteriosa chiede di essere lasciata. Il servo Giacobbe intuisce che in quell'uomo c'è una potenza divina ed afferma: non ti lascerò fino a quando non mi avrai benedetto. A quel punto il personaggio misterioso gli chiese: come ti chiami? In questa domanda e nella sua successiva risposta è nascosta la chiave di lettura per comprendere il gioco nella vita religiosa, nella sua tensione: vincere-perdere.

Il nome rappresenta l'identità, la persona, l'essere. A Giacobbe viene chiesto di consegnarsi, di arrendersi. E Giacobbe dirà: Il mio nome è Giacobbe. "Per" il gioco bisogna saper vincere arrendendosi. Nel gioco all'interno degli Istituti religiosi vince colui che si arrende, per il bene sociale è necessaria la resa. Vince chi sa morire, chi retrocede perché l'altro possa crescere. "Con" il gioco è possibile vincere l'ozio, causa di tutti vizi[60].

---

[59] *Gn* 32 ,4-33, 16.

[60] San Francesco di Assisi, *Regola Bollata*, cap. 4.

Nella seconda metà del XV secolo Angelo Carletti, conosciuto come Angelo da Chiavasso, nella sua principale opera la *Summa Casuum coscientieae* (una raccolta in ordine alfabetico di regole comportamentali per vivere secondo il credo cattolico) afferma che esiste un gioco "spirituale". Il gioco spirituale, secondo il Beato Angelo, proviene da una grande devozione della mente ed è santo e divino. Una sorta di danza di gioia dello spirito e della mente.

Per la tradizione francescana il *ludus spiritualis* potrebbe essere rintracciato nel capitolo V della regola, dove si parla del lavoro. Il lavoro potrebbe essere considerato Gioco *spiritualis*, in quanto per i frati non deve avere come fine un utile (somme di denaro),[61] ma contiene lo stesso fine del *ludus*, ossia deve portare alla laude, alla gioia[62]. Il lavoro è un gioco che sconfigge l'ozio ed apre alla laude.

A sostegno di questa argomentazione è la decretale *Exivi de Paradiso* di Clemente V, nella quale il pontefice afferma che i frati che si occupano diligentemente nelle fatiche spirituali della preghiera e dello studio abbiano orti e spazi adatti a ricrearsi. Papa Clemente associa il lavoro alla ricreazione, ad attività piacevoli. Il lavoro è necessario per elevare lo spirito, sconfigge le apatie che possono realizzarsi all'interno della vita fraterna[63].

Ultima dimensione importante è quella del sapersi mettere "in" gioco. Mettersi "in gioco" apre alla novità e rinnova nell'uomo il coraggio. Per ampliare il futuro è necessario sospendere le prospettive soggettive, per aprirsi ad un domani anche se incerto. Il gioco tende verso la virtù della fede. Gioco e fede sono strettamente legati.

---

[61] Da un'analisi dei testi giuridici dell'alto Medioevo il gioco comporta delle attività che non determinano un utile, si possono definire attività "inutili" che non prevedono nessun vantaggio monetario, una realtà che non si può sopprimere e legata essenzialmente all'uomo. Il *ludus* può essere collegato all'idea di *otium*. L'azzardo presuppone la speranza di poter ricevere e conseguire un utile. Utile ed inutile sono termini opposti in netto contrasto tra di loro; Cfr. A. NUTI, *Ludus e iocus. Percorsi di lucidità nella lingua latina*, Roma 1998.

[62] Il capitolo V della regola bollata di san Francesco è dedicato al lavoro manuale: "Quei frati ai quali il Signore ha concesso la grazia di lavorare, lavorino con fedeltà e con devozione così che, allontanato l'ozio, nemico dell'anima, non spengano lo spirito della santa orazione e devozione, al quale devono servire tutte le altre cose temporali". I frati sono chiamati al lavoro per vincere un importante nemico: l'ozio. L'ozio è visto come una viziosa inerzia, un nemico diabolico da sconfiggere. Il lavoro abbatte l'ozio e apre alla laude. Come afferma la Summa Angelica, nel lavoro è possibile esercitare ogni virtù dello spirito e aprirsi alla lode.

[63] Clemente V, decr. *Exivi de Paradiso*, in: *Seraphicae Legislationis textus originales*, Ad Claras Aquas (Quaracchi), 1897, p. 252; *Licet vero non solum sit licitum sed et multum conveniens rationi quod fratres, qui in laboribus spiritualibus orationis et studii sedule occupantur, hortos et areas habeant competentes ad recreationem.*

Il gioco è una realtà che fa danzare l'animo, permette la resa e fa provare il gusto della vittoria, vince l'estenuante non senso della vita, apre alla ricerca, esso è una danza. Nel processo verso la fede il gioco è una danza, un movimento, un *exultet*. Non può sostenere la morte chi non sa sostenere la danza, affermava don Tonino Bello parlando di Maria[64]. L'uomo che non sa giocare finisce per essere sopraffatto dal gioco. Il religioso che non è capace di giocare e di tendere verso la fede finisce per morire in ciò che necessariamente deve appagare le voragini dell'animo. I mezzi di comunicazione finiscono per diventare il gioco ideale attraverso cui dissetare le frequenti siccità dei terreni aridi della vita consacrata.

Nell'esistenza umana un altro elemento indispensabile è il cibo. L'uomo è ciò che mangia – affermava il filosofo Feuerbach – "se volete far migliore il popolo, dategli un'alimentazione migliore"[65]. Il cibo è un elemento essenziale, necessario per la vita.

Anche nella Sacra Scrittura il cibo è presente fin dalla prima pagina e il Signore conferisce disposizioni su di esso. Vi è un cibo che dona la vita e un cibo che offre la morte: "Dei frutti di tutti gli alberi del giardino potrai liberamente mangiare, ma del frutto dell'albero della conoscenza del bene e del male non mangiarne, perché nel giorno in cui ne mangiassi per certo moriresti!"[66]. Dio pone nel "frutto dell'albero" un limite oltre il quale vi è il baratro della morte. Il limite non è una bestialità imposta che soffoca la libertà, ma al contrario è principio di umanizzazione. Una vita che non si scontra con il limite è come le onde che non trovano mai gli scogli sui quali infrangersi, come il vento che non trova mai un ostacolo, esistono ma non si sentono[67]. Per sentirsi bisogna limitarsi. Qual è la necessità da parte di Dio di porre un limite proprio su ciò che è necessario per la vita?

San Tommaso associa la cupidigia alla gola, la cupidigia risulta un appetito disordinato[68]. La cupidigia spezza le relazioni vitali in quanto desidera tutto e più di quanto è necessario[69]. Il cibo è tutto nella vita ma deve essere sottoposto ad un limite oltre il quale c'è la morte. Ma di quale morte parla la scrittura? Sicuramente non di

---

[64] T. BELLO, *Maria donna dei nostri giorni*, Torino 2014, p. 35.

[65] L. FEUERBACH, *Pensieri sulla morte e sull'immortalità*, Roma 1997.

[66] *Gn* 2, 17.

[67] Cfr. A. D'AVENIA, *L'arte di essere fragili*, Milano 2016.

[68] TOMMASO D'AQUINO, *Summa teologica*, I-II, q. 84.

[69] Cfr. A. WÉNIN, *Non di solo pane. Violenza e alleanza nelle Bibbia*, Bologna 2004, p. 58-66.

quella fisica, visto che Adamo dopo aver mangiato non è morto, bensì di una morte più profonda. Non oltrepassare il limite non vuol dire rinunciare ad una totalità perfetta, ma avere un'apertura ad una giusta relazione con le cose. Il che non significa una minaccia ma una possibilità di relazione, come l'io che si limita per dare spazio al tu. Il limite è necessario per non cadere nella morte. Un giusto rapporto "limitato" con i mezzi di comunicazione evita l'eccesso e la cupidigia. Un non limite porterebbe di certo alla morte. Come il gioco tende alla virtù della fede, il cibo tende alla virtù della speranza. Strettamente legata alla fede è la speranza senza la quale non è possibile affrontare il presente. Una vita senza speranza può risultare sfrenata o passiva. Attraverso la speranza è possibile constatare che qualcosa di importante si è già realizzato e ancora si deve realizzare. La speranza stempera il desiderio di oltrepassare il limite, essa è l'arte, è il gusto del vivere e del morire. Chi spera sa vivere e sa anche morire.

Benedetto XVI nell'enciclica *Spe Salvi* afferma: "La fede non è soltanto un personale protendersi verso le cose che devono venire ma sono ancora totalmente assenti; essa ci dà qualcosa. Ci dà già ora qualcosa della realtà attesa, e questa realtà presente costituisce per noi una «prova» delle cose che ancora non si vedono. Essa attira dentro il presente il futuro, così che quest'ultimo non è più il puro «non-ancora». Il fatto che questo futuro esista, cambia il presente; il presente viene toccato dalla realtà futura, e così le cose future si riversano in quelle presenti e le presenti in quelle future"[70].

La speranza non è un evanescente attesa di realtà future, come un individuo che attende qualcuno o qualcosa, è piuttosto un incontro concreto, una realtà tangibile che attende il suo compimento ma che gusta già la sua dolcezza. Chi spera vive senza cupidigia perché ha già un cuore ricolmo e proteso verso la sua completezza. La speranza non è una dotta teoria filosofica che spiega con argute parole teorie indicibili anche alle menti dei dotti, ma è un pastore che insegna l'arte del vivere e del morire con parole e argomenti raggiungibili a tutti[71]. La speranza è il gusto della vita religiosa. Una consacrazione che non è gustosa diventa amara. Se Dio diventa insipido, la cupidigia oltrepassa ogni limite in quanto brama la sua soddisfazione.

L'ultimo elemento costitutivo della vita degli uomini è l'eros. Esidio nel suo poema intitolato Teogonia descrive l'eros come una forza presente in ogni frammento, una

---

[70] BENEDETTO XVI, enc. *Spe Salvi*, in *AAS* 99 (2007), p. 991, n. 7.

[71] Cfr. Benedetto XVI, *ibid.*, n. 6.

potenza insita in tutta la terra. Una forza che permette un cammino che porta dal disordine all'ordine, dall'irrazionale al razionale[72]. L'eros è la forza che spinge l'uomo nelle molteplici attività della vita. Spesso la parola eros evoca nella mente dei cristiani il peccato e la concupiscenza, legati ad una visione corporale e negativa. Si cercherà di superare questa concezione presentando l'eros come spinta verso l'alto.

La realizzazione massima dell'amore cristiano è nel supplizio della croce. La croce proferisce all'esistenza umana le seguenti parole: ti amo da morire, ti amo fino a morire, ti amo fino a dare la vita. Per raggiungere questo vertice nell'amore è necessaria una forza che elargisca coraggio. L'eros è la forza che spinge a consegnare il tutto di sé, che spinge all'agape[73]. L'eros quando esce da se stesso spinge l'uomo verso la virtù dell'amore. Quando rinuncia ad uscire dall'uomo diventa una forza divorante che cerca autocompiacimento. È necessario più che mai formarsi nella vita religiosa alla scuola dell'amore, rinunciare a sé a favore dell'altro. Se l'eros non rinuncia a se stesso per trasformarsi in agape diventa una forza distruttrice e cerca esclusivamente il suo piacere. I mezzi di comunicazione possono essere l'alimento attraverso cui l'eros cerca il suo nutrimento. L'eros potrebbe attingere la sua forza distruttrice nella ricerca del piacere e non nella comunione. L'eros tende verso la virtù della carità che è il compimento massimo della vita cristiana. La pienezza della vita cristiana è l'amore. Il senso della vita religiosa è la pienezza dell'amore. Per raggiungere questa pienezza è necessario armonizzare l'eros, non sopprimerlo.

---

[72] Cfr. G. MICUNCO, *Teogonia. Dal Chàos al Kòsmos*, Bari 2005.

[73] BENEDETTO XVI, *Deus Caritas est*, in *AAS* 98 (2006), p. 219, n. 3.

Parte seconda

L'USO E L'ABUSO DI INTERNET DA PARTE DEI RELIGIOSI: MOTIVAZIONI CHE SPINGONO AD EVADERE E POSSIBILI STRADE CHE RIPORTANO A CASA

Antonella Petrella

È delle città come dei sogni: tutto l'immaginabile può essere sognato ma anche il sogno più inatteso è un rebus che nasconde un desiderio oppure il suo rovescio, una paura. Le città come i sogni sono costruite di desideri e di paure. (Le città invisibili)

Italo Calvino, decenni fa, in un suo romanzo parlava di città invisibili[74] come di un sogno che nasce dal cuore di città invivibili simbolo della complessità e del disordine della realtà che perde la sua concretezza e diventa fluida.

Oggi quello che scriveva Calvino è più attuale che mai. Non è più un sogno, non è solo prosa eccellente, non è più utopia. Oggi le città invisibili sono realtà e sempre più si diventa cittadini invisibili ma presenti. Cittadini invisibili di città vivibili comode ed adattabili che prendono la forma delle varie circostanze e necessità.

Città con piazze senza struttura ma talmente ampie ed accoglienti da trascorrervi il proprio tempo perdendolo in una dimensione indefinita: la rete, il *web*, la realtà virtuale.

È nel mondo del virtuale che oggi si trascorre la maggior parte del tempo, per lavoro o per piacere e non è possibile fare altrimenti in quanto i nuovi mezzi di comunicazione hanno invaso la quotidianità e consentono un'interazione talmente immediata ed efficace da non poterne fare più a meno.

Nello *smartphone,* sul *tablet* ed addirittura nell'orologio di ultima generazione sono presenti applicazioni che fungono da agenda, blocco note, calendario, calcolatrice, pc, telefono, torcia, registratore vocale, radio e Tv, sala giochi, cartina geografica, messaggistica istantanea e chi più ne ha più ne metta.

Applicazioni ormai diventate talmente indispensabili da aver invaso e rubato lo spazio personale se non anche l'identità.

Indubbiamente il progresso dei nuovi media ha aumentato la possibilità di scambio ed interazione, bisogna valutare però quanto ne abbia risentito la qualità, tenendo gli uomini costantemente in bilico tra la vita *online* e quella *offline*, tra la fantasia e la realtà.

---

[74] I. CALVINO, *Le città invisibili*, Torino 1972, p. 22.

Bauman, il sociologo "guru" del nostro tempo, definiva "muro di vetro"[75] lo schermo dei nostri apparati tecnologi.

Bellissima definizione, fuori dai luoghi comuni, che invita ad immaginare lo schermo come muro ed in quanto muro, non facilitatore ma ostacolo ad una comunicazione che diventa sempre più frammentata e superficiale.

Il mezzo di comunicazione istantaneo non più usato come uno strumento, come giusto che sia, ma come prolungamento di sé che gradualmente va perdendo confini ed identità.

Tuttavia, riprendendo Bauman non si deve e non si possono considerare le tecnologie digitali responsabili dell'acclarato disagio interpersonale, esse sono invece lo specchio che riflette la moderna condizione esistenziale nella quale si tende a negare ed evitare le esperienze spiacevoli altrimenti non facilmente scansabili[76].

Il disagio interpersonale di questo tempo è dettato dalla "liquefazione" delle relazioni e dall'inconsistenza dei legami che generano nell'individuo una profonda sofferenza la quale prende la forma della solitudine, dell'individualismo "egocentrato" e che porta a fuggire in una inconsistente ma rassicurante dimensione online dalla quale è possibile disconnettersi alla prima avvisaglia di disagio.

Basta un *click* per chiudere e riaprire, per cambiare interlocutori, per non affrontare le realtà scomode o i discorsi più impegnativi.

Basta un *click* per cambiare identità, per nascondersi e non essere autentici, per fingere e non accettarsi nella propria verità esistenziale.

È così quindi, appesantiti dal giogo della non comprensione, della solitudine esistenziale, della perdita di senso e di valori, che i social media diventano la via di evasione preferenziale dalle difficoltà reali del mondo offline.

Così accade che si creino reti e collegamenti ma che si perda la comunità.

---

[75] Cfr. Z. BAUMAN, *La vita tra reale e virtuale,* a cura di G. MATTEI, Milano 2014, p. 9.

[76] Cfr. Z. BAUMAN, *Intervista sull'identità*, a cura di B. VECCHI, Bari 2010, p. 87

La comunità è realtà imprescindibile nella vita di un uomo o di una donna che decide di donarsi a Dio perché rappresenta quella cordata che durante la scalata tiene al sicuro e protegge, motiva e sostiene lo scalatore nei momenti meno facili del cammino.

1. *L'identità al tempo di Facebook tra vero e falso sé*

La Genesi racconta che Dio nell' Eden chiede ad Adamo: "Dove sei?"[77].

Spesso si domanda per quale motivo Dio avesse il bisogno di domandare qualcosa di cui sapeva già la risposta. Quando il lettore si accosta a Buber comprende che quella domanda ha lo scopo di perturbare strategicamente Adamo facendo in modo che nasca in lui il desiderio di uscire allo scoperto, in una dimensione più autentica di sé[78].

Anna Oliverio Ferraris afferma che il sé è una realtà psichica complessa, "è come la pelle che ci ricopre: impossibile farne a meno, perché segna il confine tra l'interno e l'esterno della persona, tra la sfera della soggettività e quella dell'oggettività, definisce e consente di entrare in relazione col mondo". Nel testo "La ricerca dell'identità" l'autrice illustra l'istanza psichica del Sé come una sintesi tra:

1. l'immagine che abbiamo di noi stessi e degli altri;
2. le nostre diverse appartenenze o ruoli sociali, che acquisiamo nel corso della vita e che possono trasformarsi sotto l'azione di forze interne o esterne di varia natura;
3. l'immagine che gli altri hanno di noi;
4. le differenti percezioni che abbiamo di noi stessi e dei nostri ruoli.[79]

Quell'Adamo a cui Dio si rivolge, è l'io che si nasconde per non dover rendere conto di chi è, di cosa fa e di come lo fa, per sfuggire alla responsabilità della vita, quando si trasforma l'esistenza in un congegno di nascondimento da ciò che si è veramente.

Adamo è l'uomo che si cela dietro lo schermo di vetro di *pc* e cellulari, è l'uomo che assume false identità o semplicemente diserta la quotidianità in cerca di uno spazio che lo accolga e che non lo faccia sentire sbagliato o che gli permetta di andare via con facilità qualora le cose non andassero come programmate o come sperate.

La relazione virtuale che si sviluppa principalmente attraverso le chat, luoghi non reali di dialogo, garantisce l'anonimato, chiara forma di nascondimento, quindi rende i

---

[77] Cfr. Gen. 3,9.

[78] Cfr. M. BUBER, *Il cammino dell'uomo*, Magnano (BI) 2000, p. 20-21.

[79] A. O. FERRARIS, *La ricerca dell'identità. Come nasce, come cresce, come cambia l'idea di sé*, Firenze 2015, p. 15.

protagonisti della relazione delle semplici comparse meno esposti e meno vulnerabili di come sarebbero in una relazione concreta.

Nel mondo virtuale ci si incontra e si socializza al riparo di una maschera e quindi in una posizione più forte rispetto alle interazioni che possono avvenire nel mondo reale, dove l'ingombro del corpo, della mimica involontaria e della reciproca conoscenza rendono più visibili ed esposti[80].

Si può aggiungere non solo del corpo ma anche del ruolo che si riveste, della vera identità che si possiede.

Con un *click* quindi, si può chiudere una pagina, si può chiudere una storia, si può chiudere con facilità persino una relazione.

Ma, tornando al nostro amico Adamo a cui Dio chiede "Dove sei?": Adamo non sa rispondere.

Hollis, un noto analista junghiano, in merito ad Adamo probabilmente direbbe «quello che io sono non corrisponde più a chi sono, perché il modo in cui agisco non è più la logica espressione di ciò che ho scelto di essere o di diventare e le ragioni che porto a giustificazione delle mie azioni non sono più delle buone ragioni»[81].

Ciò significa più semplicemente che: "non sappiamo più chi siamo", e di conseguenza non si è in grado di definirsi. Significa ancora che, rapiti dalla liceità illegittima del web, ci si comporta in maniera dissimile dal modello di vita scelto, senza trovare nulla di valido che giustifichi non solo il tradimento ad una promessa solenne ma la ferita di un cuore diviso.

L'esegesi della domanda di Dio ad Adamo, rimanda alla parola ebraica *"Ayekah"* cioè: "Dove-tu"[82].

Non ci sono verbi, non c'è essere o avere, nulla, se non il solo avverbio legato direttamente al pronome tu.

---

[80] Cfr. *Ivi*, p. 479.

[81] Cfr. *Ivi*, p. 27.

[82] Cfr. E. WIESEL – M. DE SAINT CHERON, *Il male e l'esilio. Dieci anni dopo,* Baldini&Castoldi, Milano 2001, p. 139.

Scritto allo stesso modo questo vocabolo viene a significare anche “come?” e allora capiamo che è un preciso ed amorevole richiamo che ci viene fatto perché Adamo, come anche l’uomo di oggi, possa rintracciare in sé la propria identità, bistrattata e persa dalla paura di non essere all’altezza, di non essere abbastanza, di non essere adeguato e pertanto celata dalle reti, dagli avatar, da volti e identità che non ci appartengono realmente.

Bisogna guardarsi dentro e non solo rispecchiarsi in ciò che questo tempo ci propone per essere migliori, bisogna guardarsi dentro e non temere la propria identità, prendersi sul serio, per scoprirsi capaci di uscire dal nascondiglio e camminare.

D’altronde è inutile nascondere il proprio volto dietro maschere o schermi, rinnegare se stessi, fare del tutto per apparire diversi da quel che si è, nulla ci renderà migliori di quanto lo possa fare accettarsi, accogliere la propria storia, quelle che sono le radici e la fraternità di appartenenza e vivere pienamente la vita che abbiamo ricevuto da Dio.

2. *Le maschere virtuali ovvero le false identità*

Facebook, Instagram e i *social network*, con gli indiscussi aspetti positivi che portano con sé, rischiano però di diventare quel nascondiglio che rallenta il cammino e talvolta lo blocca, dietro volti ed identità che non ci appartengono, celando il vero sé degli individui.

Si chiamano *Avatar* le identità che si assumono nel *Web* di volta in volta in base ai contesti ed alle necessità che ogni occasione diversa pone dinnanzi.

Avatar è una parola appartenente alla lingua sanscrita, è di origine induista, significa "colui che discende" riferendosi ad un dio che si incarna in un corpo fisico. Nel gergo di internet si intende una persona reale che sceglie di mostrarsi agli altri attraverso una rappresentazione[83], la quale diventa un'immagine incompleta di sé e pertanto non autentica.

Gli *Avatar* prendono vita e muoiono con un *click*, con la stessa modalità si relazionano tra di loro, si incontrano e si lasciano, senza alcuna sorta di impegno o di promessa, alla prossima connessione è probabile che si assuma un'identità diversa e con quella si interagisca con altri e nuovi "avatar" di persone che dietro tale rappresentazione celano se stesse riuscendo in cose che normalmente, a causa della vergogna, della timidezza o semplicemente del buon senso, non riuscirebbero a fare, come per esempio: evadere dal proprio mondo, uscire dalla clausura, venire meno ai voti professati, conoscere qualcuno allo scopo di intessere una relazione sentimentale, proponendosi sessualmente, parlando di sé, illudendosi di essere ascoltato ed accolto dall'altro.

Solo la parola illusione può racchiudere la convinzione che nasce da un rapporto non reale che si nasconde dietro molteplici strati i quali mediano la verità e gli attori in gioco. Illusione!

Si illustra di seguito un caso specifico: Una donna ferita dal tradimento del marito, dopo circa 30 anni di matrimonio venne a sapere che lui la tradiva con la sua migliore amica.

---

[83] Cfr. T. Cantelmi – M.B. Toro – M. Talli, *Avatar. Dislocazioni mentali, personalità tecno-mediate, derive autistiche e condotte fuori controllo*, Roma 2010, p.15.

Maria (nome di fantasia), in maniera del tutto fortuita venne a conoscenza che il marito da qualche tempo intratteneva una relazione con quella che lei pensava essere la sua migliore amica.

Grande fu il suo stupore, grande tanto quanto la sofferenza che accompagnava la scoperta devastante ma Maria non si perse d'animo ed affrontò la spinosa situazione.

Una sua frase, pronunciata durante un dialogo, chiarisce bene la differenza tra una realtà virtuale ed una reale.

Affermò: "è semplice essere coppia e stare insieme sul sedile reclinabile di una macchina, in un parcheggio nascosto, per l'incontro di un momento, lasciando il mondo fuori dall'abitacolo-

E' più difficile invece stare insieme nel proprio letto, lo stesso letto che da trent'anni ti aspetta ogni sera, che ti accoglie con i tuoi mostri interiori, quelli che fai vedere solo nell'intimità della tua casa, che non puoi nascondere per sempre.

Gli stessi mostri che, chi ti sceglie, impara a comprendere ed amare perché fanno parte di quella persona che con te condivide la vita e che ami cosi com'è, nonostante loro, nonostante tutto".

3. Appartenenza, libertà ed ancora false identità

Nella "realtà non reale", a differenza di quella concreta si fa presto a cambiare personaggio, interpretando di volta in volta quello che meglio si adatta all'occasione.

Per dirla con le parole di Goffman: "Ognuno di noi, quando è di fronte agli altri, si sforza di fornire delle rappresentazioni coerenti di sé, che tengano conto anche di ciò che gli altri si attendono da noi"[84] al fine ultimo di essere accettati dagli altri.

"Gli altri" hanno un ruolo di spettatori attivi molto importante nella vita dei soggetti.

Come ha spiegato il filosofo e sociologo George Mead, gli altri possono validare e invalidare la nostra identità o alcuni aspetti di essa, più o meno importanti per la nostra integrità psichica e per l'immagine coerente che abbiamo di noi stessi[85.] .

Ma come mai accade che ci si ritrova ad essere attori protagonisti di una o più vite che non ci appartengono?

Come mai ci si mostra su un palcoscenico che cambia di volta in volta e che parla di noi solo attraverso la voglia di essere "riconosciuti" e definiti dall'esterno?

Sono diverse le ipotesi formulate nel merito.

Si ritiene che il bisogno di essere definiti dall'esterno dipenda dalla mancanza di risorse interne che permettano di guardarsi dentro.

Pertanto ci si affida ad occhi diversi dai propri per darsi una forma ed un'identità incapace di realizzarsi.

Si anela nella costruzione dell'immagine di sé attraverso il mondo esterno al soddisfacimento del bisogno di consenso, certamente presente nella vita reale ma che nel *Web* è più facile ottenere attraverso la collezione dei "*like*".

Un'altra possibilità potrebbe derivare dal non sentirsi accolti nella realtà in cui si vive o non sentirsi appartenenti ad essa.

Sia essa la famiglia o la fraternità da cui si fugge a causa delle difficoltà che si percepiscono e si considerano insormontabili.

---

[84] Cfr. A. O FERRARIS., *La ricerca dell'identità*,. p. 61.

[85] Cfr. IBIDEM, p. 40.

Si finisce pertanto per rifugiarsi in un mondo parallelo in cui è più facile sentirsi a proprio agio, si intesse un "abito" perfetto, che non sia troppo largo o troppo stretto, che non sia logoro o macchiato, ma perfetto e pronto all'uso, facile da togliersi e cambiare per indossarne un altro anche se non rappresentativo in maniera veritiera di sé.

Si fugge in un mondo più facile da abitare, una probabile "città invisibile", in cui si cerca un "noi" virtuale, da abitare e nel quale rispondere al bisogno di amare ed essere amati, in una continua ricerca di appagamento, senza essere mai sicuri di essere stati soddisfatti abbastanza.

Si entra così nella logica di un amore che di infinito ha solo l'insoddisfazione, un amore senza promesse e senza legami, diviso tra il desiderio di emozioni e la paura di rimanere bloccati in quello che Bauman definisce "amore liquido".

Si entra in una logica che gli studiosi della materia definiscono come forma di amore del nostro tempo in cui la voglia di appartenere compete in una eterna rivalsa con la voglia di essere liberi.

Si accede così ad una dimensione in cui la paura di restare soli se la gioca con la paura di legarsi in un *match* senza vincitori né vinti, in un *match* senza forma.

Abbiamo parlato di Identità personale e di qualcosa che ne fa da antagonista, l'*Avatar.*

In psicologia l'*Avatar* si potrebbe definire Falso Sé, vediamo in breve di cosa si tratta.

Il Sé è definito come un costrutto mentale che ci dà la consapevolezza di noi stessi, una realtà dinamica e privata ma anche sociale ed interpersonale perché si forma nella relazione con gli altri e nel riconoscimento dei propri bisogni personali.

Avere un buon concetto di Sé è condizione fondamentale per saper rispondere in modo efficace ed efficiente ai propri bisogni e quindi stare bene.

La teoria dell'attaccamento di Bowlby, più volte citata in questo testo, offre un contributo importante riguardo il concetto di sé, infatti sostiene che durante l'interazione con la madre il bambino sviluppa credenze stabili su di essa come presente, accessibile e raggiungibile in ogni istante o al contrario assente.

Di conseguenza, costruisce tali credenze anche su se stesso riconoscendosi come degno d'amore o meno.

Bowlby ha perciò descritto il modello di sé che emerge dalla relazione di attaccamento come caratterizzato dal senso di essere degno d'amore, componente tipica anche dell'autostima e della sicurezza.

Bolwby ha esposto una sostanziale differenza: quando abbiamo una madre presente ed affidabile, pronta rispondere alle esigenze del bambino, avremo un bambino con un sé sviluppato positivamente, percependo se stesso come una persona degna d'amore.

Mentre, con una madre inaffidabile, che non riesce a soddisfare i bisogni del bambino, ci troveremo di fronte ad un bambino con un'immagine di sé instabile e negativa.

Pertanto nello sviluppo del sé, pietra miliare è la relazione con i genitori i quali, se comunicano in modalità tacita o esplicita ai figli che sono disposti ad amarli soltanto a condizione che accettino di assecondare le aspettative che hanno programmato per loro, favoriscono l'emergere di un'autostima condizionata" (Deci e Ryan, 1995)[86] e del Falso Sé.

Il Falso sé è un concetto introdotto da Winnicott[87], indica una modalità patologica di sviluppo dell'identità che comincia sin da bambini quando le influenze esterne diventano eccessivamente coercitive, quando il bimbo non trova nella madre rispecchiamento dei suoi bisogni e desideri e cresce assecondando i desideri di lei; imparando a fondare il proprio bisogno e senso di identità nell'accondiscendere alle richieste degli altri.

La caratteristica più rilevante di una personalità basata sul Falso sé è la mancanza di autenticità nei rapporti con gli altri e con se stessi.

Il falso sé nasce dal bisogno di fare una buona impressione sugli altri, di conquistarli o anche di dominarli o manipolarli per motivi opportunistici.

Esso crea un adulto incapace di sapere chi è e di definirsi, bisognevole oltremodo dell'altro che lo guardi perché possa così riuscire ad identificarsi e capire quali siano i propri bisogni.

Il falso sé rende incapaci di distinguere desideri e bisogni, favorendo la schiavitù dal giudizio e dell'approvazione degli altri.

Il falso sé prospetta una vita vissuta nel nascondimento come quella del nostro amico Adamo quando si nascondeva all'ombra del fico perché si era perso da se stesso e da Dio che lo spronava a ritrovarsi e riscoprirsi.

---

[86] Cfr. *ibidem*, p. 233.

[87] Cfr. D. WINNICOTT, *Sviluppo affettivo e ambiente*, Roma 1970, p. 157.

Tuttavia, ciascuno di noi ha una componente di falso sé perché naturalmente condizionato dalla cultura in cui viviamo.

Si può raffigurare come il trucco che ciascuno mette tutte le mattine a protezione del Vero Sé ma che diventa patologico quando è talmente coercitivo da perdere di vista le proprie potenzialità e non coniugare le proprie richieste con quelle degli altri che ci stanno intorno.

Diventa patologico quando non c'è una semplice acquiescenza al volere altrui, ma ci si identifica con esso senza essere più in grado di contattare una dimensione autonoma, libera e autentica di volontà e di desiderio.

Si corre allora il rischio di perdere se stessi, come stava accadendo ad Adamo che si era smarrito o alla Samaritana che andava a mezzogiorno a prendere l'acqua al pozzo.

La Samaritana non aveva una buona fama, andava ad attingere acqua al pozzo in un orario inusuale, per la paura del giudizio degli altri.

Ella, per il bisogno di essere amata si era rifugiata in 5 mariti ed in quel momento era con un uomo che non aveva sposato; aveva fondato la sua vita sulla ricerca dell'amore, non di quello vero però, di un suo "*avatar*".

Qualcosa di simile accadde anche alle donne il mattino del sabato, che, intimorite e rattristate dalla morte di Gesù si recarono al sepolcro credendo di trovarvi dentro il loro maestro amato.

Arrivate al luogo della sepoltura, con grande stupore non trovarono chi cercavano.

Come aveva promesso, Gesù non era più lì e non aveva quella forma di uomo più facile da cogliere.

Le donne scelsero la strada più semplice, di credere cioè ad un altro "avatar", quello delle loro aspettative, dimenticando la promessa e quella "Parola" che, ancora oggi, apre il cuore e gli occhi agli uomini ed alle donne indirizzandoli verso una relazione autentica e non certo verso una "realtà aumentata"[88] falsificata e mascherata di verità a cui è più facile credere.

---

[88] Per realtà aumentata, o realtà mediata dall'elaboratore, si intende l'arricchimento della percezione sensoriale umana mediante informazioni, in genere manipolate e convogliate elettronicamente, che non sarebbero percepibili con i cinque sensi.

Da COMMUNICATION STRATEGIES LAB, *Realtà aumentate. Esperienze, strategie e contenuti per l'Augmented Reality*, Milano 2012, p. 28.

4. La teoria dell'attaccamento ed il bisogno di appartenere: da ferita a feritoia

Nei paragrafi precedenti si è accennato alla teoria dell'attaccamento di Bowlby, quella teoria che spiega i legami interpersonali in termini di fiducia, accettazione ed appartenenza.

L'attaccamento è un sistema motivazionale innato (Liotti, 2001)[89], che si manifesta in maniera più eclatante durante i primi anni di vita, ma che permane per tutta la sua durata, per dirla con le parole dell'ideatore, l'attaccamento è presente nella vita di un uomo "dalla culla alla tomba" (Bowlby 1979)[90] e spiega il primato della relazione che permane in maniera indiscutibile per tutta la vita (Bretherton e Munholland, 1999)[91] con la funzione di proteggere la persona che riceve le cure parentali ed è "attaccata " alla figura di riferimento (Crittenden, 1999)[92].

Bowlby nella sua teoria individua due grandi stili di attaccamento, quello sicuro e quello insicuro che distingue, a sua volta, in ambivalente, evitante e disorganizzato in base alle diverse modalità relazionali che si stabiliscono nella interazione primordiale tra madre e bambino.

Il grande merito da attribuire a Bowlby sta nella rivoluzione epistemologica della matrice del legame di attaccamento con la figura di riferimento primaria, andando contro Freud, il quale sosteneva che l'affetto del bambino per la propria madre fosse dovuto ad una pulsione secondaria determinata dal soddisfacimento di bisogni orali (Fonagy, 2001)[93].

---

[89] G. LIOTTI, *Le opere della coscienza. Psicopatologia e psicoterapia nella prospettiva cognitivo-evoluzionista*, Milano 2001, p. 53.

[90] J. BOWLBY, *Costruzione e rottura dei legami affettivi*, trad. it. S. VIVIANI – C. TOZZI, Milano 1982, p. 56.

[91] I. BRETHERTON – K.A. MUNHOLLAND, (1999). *Modelli operativi interni nelle relazioni di attaccamento. Una revisione teorica*, a cura di J. CASSIDY - P.R. SHAVER, in *Manuale dell'attaccamento: Teoria, ricerca e applicazioni cliniche*, Roma 2002, pp. 101-126.

[92] Cfr. P.M. CRITTENDEN, *Attaccamento in età adulta: l'approccio dinamico-maturativo all'Adult Attachment Interview*, Milano 1999, p. 97.

[93] P. FONAGY, *Psicoanalisi e teoria dell'attaccamento*, trad. it. F. ORTU, in coll. *Psichiatria psicoterapia neuroscienze*, Milano 2002, p. 89.

Per Bowlby invece l'affetto del bambino verso la madre viene determinato da una motivazione intrinseca e primaria, derivante dal bisogno di contatto e di conforto.

Bowlby arriva a questa considerazione mutuato dagli studi etologici di Lorenz sull'imprinting (Bowlby 1988)[94] e dagli esperimenti di Harlow sulla privazione di cure materne dei macachi rhesus nei primi mesi di vita (Harlow e Zimmermann, 1959)[95].

Lorenz con il suo esperimento dimostrò che in alcune specie animali può svilupparsi, nei confronti di una specifica figura di riferimento, un forte legame che va al di là della richiesta di nutrizione.

Infatti, egli rese evidente come gli anatroccoli appena nati non necessitano dell'assistenza della madre per mangiare, catturando autonomamente gli insetti, ma sentano ed assecondino un bisogno di prossimità con la figura di riferimento seguendola.

Harlow inoltre dimostrò che i piccoli di macaco *rhesus*, privati della figura materna, dovendo scegliere se stare accanto ad un surrogato di madre di metallo che elargiva nutrimento o un surrogato ricoperto di pelo, sceglievano il sostituto materno artificiale in grado di offrire esclusivamente calore, rispetto ad un freddo simulacro di ferro in grado di nutrirli.

Con tali esperimenti si sottolineò la tendenza innata alla ricerca di vicinanza che il piccolo mette in atto non per la mera soddisfazione dei bisogni alimentari ma per un più profondo bisogno affettivo e di sicurezza. Infatti, la teoria dell'attaccamento postulò proprio questo, cioè che la funzione biologica del legame con la figura di riferimento sia nella protezione più che nel nutrimento.

Il mantenersi vicino ad un *caregiver* aumenta, infatti, la sicurezza e la capacità di esplorare l'ambiente, consentendo inoltre l'interazione sociale e la difesa.

Se è vero quindi, in riferimento alla teoria bowlbiana, che le cure parentali sono essenziali in tutte le fasi evolutive dell'uomo, possiamo bene comprendere il bisogno di ciascuno di ricevere amore e di fare il possibile per esserne il destinatario.

---

[94] J. BOWLBY, *Una base sicura. Applicazioni cliniche della teoria dell'attaccamento*, trad. it. M. MAGNINO, in coll. *Psicologia clinica e Psicoterapia*, Milano 1989, p. 24.

[95] H.F. HARLOW – R.R. ZIMMERMANN, *Affectional responses in the infant monkey*, in *Science*, n. 130 (1959), pp. 421-432.

Tuttavia può accadere che per un "sentire soggettivo" o per un malessere personale, per una forma di incongruenza interna, non ci si senta amati o accettati nell'ambiente in cui si vive e si tenda a voler evadere da esso in cerca di quello che sentiamo essere manchevole nella nostra vita.

Nel caso dei religiosi, il disagio può essere vissuto nella fraternità di appartenenza, cioè nella realtà in cui si trovano a vivere.

La fraternità è uno specchio e, se non si percepisce congruenza tra sé ed essa, si corre il rischio di avvertire una sorta di distonia tra ciò che si è e ciò che si dovrebbe essere.

Tale distonia, con ogni probabilità, potrebbe indurre il consacrato che sente disagio a cercare sollievo nella via più semplice, cioè quella dell'evasione, seppur virtuale, dalla fraternità reale creandosi una sorta di fraternità alternativa, fatta da altre persone/*avatar* in cui è più semplice stare e che sicuramente pretende meno impegno.

Il religioso o la religiosa che non trova accoglienza nel suo ambiente, che non si sente capito da confratelli e consorelle, che non riesce a stare all'interno di un sistema fatto di regole e richieste, cerca la propria appartenenza in una "fraternità invisibile" o alternativa in cui trovare quel conforto e quella vicinanza che non sente più nel suo mondo reale.

La "fraternità invisibile" è fatta da tante persone non collegate tra di loro ma pronte ad esserci mutuate dallo stesso bisogno senza crearsi troppi problemi e lasciandosi guidare da un sentire non sempre lecito.

I membri della "fraternità invisibile" sono quelli pronti a dirti che sei bello, che hai ragione tu e gli altri non intendono nulla, che vali, che sei incompreso dal mondo e le tue idee sono le migliori e lo fanno sapendo di te solo quanto tu permetti loro di sapere.

Ben diversa è la fraternità reale, che Jean Vanier spiega definendola "il luogo della rivelazione dei nostri limiti e dei nostri egoismi"[96].

Secondo Vanier la fraternità ci dà l'opportunità di scoprire le incapacità personali, le difficoltà nella vita affettiva, le gelosie, le frustrazioni, non però per affliggerci ma per aiutarci a riscattarci da esse migliorandoci.

---

[96] Cfr. J. VANIER, *La comunità. Luogo del perdono e della festa*, Milano 1995, p. 15.

Tuttavia non è un'impresa facile scontrarsi con verità, scomode e dolorose che rivelano le nostre povertà così, per evitare di metterci in un gioco che richiede molto impegno, tendiamo a rifugiarci in un "non luogo", il virtuale, che ci accoglie insieme alle nostre povertà (ben celate) illudendoci di non essere destinati alla solitudine ma, inconsapevolmente, impantanandoci in essa.

Illusi dalla facilità di stare nelle comunità virtuali dimentichiamo che, vivendo in quelle reali con totalità di intenti, possiamo migliorarci, riabilitarci e sperimentare la serenità desiderata.

La chiave sta non nell'evasione bensì nell'accettare i propri limiti dando loro un nome e la possibilità di venire a galla per affrontarli in un metaforico percorso di crescita verso la liberazione.

Solo quando ci accogliamo e lasciamo che anche gli altri ci accolgano con quelle che sono le nostre fragilità, la fraternità diventa luogo di verità e libertà e noi persone capaci di amare e essere amati nell'autenticità, senza maschere e senza avatar.

Solo quando chiameremo per nome le nostre difficoltà, le nostre ferite diventeranno feritoie, come ben ci insegna la tradizione francescana.

Trasformare le ferite della vita in feritoia di speranza è il compito di ogni consacrato ma, per fare ciò, è necessario che egli riconosca per primo le proprie.

Bisogna passare pertanto dalle ferite alle feritoie attraverso un percorso umano in cui le lacerazioni della vita non vengono negate o ricucite ma restino paradossalmente aperte, come quelle nel corpo di Gesù dopo la Resurrezione, per diventare strumento di conversione e comprensione, per testimoniare come l'aderenza al progetto di vita consacrata e alla fede in Dio possano operare una profonda trasformazione del male in bene.

Le ferite, così, nel segno della nostra croce personale diventano aperture da cui filtra la luce che ci permette di vedere Dio anche in un momento di desolazione, di buio e di deserto.

La crisi, se vissuta bene e se compresa, quindi non fuggita, non negata, non vissuta rifugiandosi in quelle realtà virtuali di cui abbiamo trattato in precedenza, seppure con la sofferenza che porta con sè, potrà diventare un trampolino di lancio ed una nuova opportunità di decollo nel meraviglioso viaggio che è la vita consacrata a Dio.

La capacità di amare non è insita in noi ma la impariamo nella relazione con gli altri, principalmente nella relazione con le figure di accudimento.

In funzione quindi dell'*imprinting* che riceviamo riusciamo a metterci in relazione con noi stessi, con gli altri e con il mondo esterno, regolando il grado apertura verso di loro.

Saremo pertanto più risoluti e sicuri se la nostra figura primaria di attaccamento sarà stata presente e rispondente ai nostri bisogni durante l'infanzia.

Al contrario se da piccoli abbiamo sperimentato incostanza ed ambivalenza nelle cure parentali ci sentiremo degni ed all'altezza di essere amati in maniera altalenante e dipendenti da ciò che fa e pensa l'altro.

Se invece da bambini abbiamo esperito l'assenza o la distanza fisica ed emotiva della figura materna, nelle relazioni mature ostenteremo una falsa indipendenza come maschera di un profondo senso di solitudine e paura di essere respinti.

Si sono utilizzate poche e sommarie righe per spiegare gli stili di attaccamento ideati da Bowlby, nell'ordine: sicuro, ambivalente ed evitante, manca, alla breve esposizione il quarto, quello più ostico, lo stile di attaccamento disorganizzato che nasce in un nucleo familiare patologico.

Lo stile disordinato è ingenerato dalla confusione e dal malessere profondo della figura di accudimento, dalla mancanza di discernimento emotivo, dalla povertà esistenziale e dall'inversione non adatta dei ruoli nel gioco relazionale dei genitori e dei figli.

Quello disorganizzato è uno stile che, come bene si può immaginare, si accompagna ad un disagio psichico, alla povertà di risorse personali, al bisogno di cure ed alla paura della relazione, agli occhi dei disorganizzati, ingestibile ed indecifrabile.

Dunque lo stile di attaccamento è quel processo emotivo ed esperienziale che ci dà un'impronta da seguire nelle nostre relazioni.

Avendolo assimilato durante l'infanzia lo riproponiamo nelle nostre relazioni sentimentali ed affettive da adulti e persino nel nostro rapporto con Dio.

Esso regolamenta anche la nostra modalità di vivere la fraternità, ci fa collocare in un posto piuttosto che in un altro, ai margini piuttosto che in una zona centrale.

Il posto che occupiamo e le tipologie di interazione che adottiamo, in relazione a quelle dei confratelli e delle consorelle, innescano modalità comunicative e relazioni da cui dipende la stabilità e l'equilibrio dell'intera comunità:

- un "sicuro", come si diceva, tenderà con assertività ad avere il proprio spazio ed il proprio ruolo, a negoziarlo se necessario o a condividerlo senza il timore che qualcuno glielo usurpi o lo abbandoni. Avrà fiducia, crederà nella reciprocità e non avrà paura dei cambiamenti ai quali si relazionerà autoregolando la propria emotività e instaurando legami sempre profondamente empatici, capaci di "sentire" l'altro.

- Un "ambivalente", invece, tenderà ad essere eternamente preoccupato di cosa gli altri pensano di lui ed a compiacerli per non essere lasciato.
  Per questo non avrà iniziativa, bensì paura di allontanarsi dalle sue sicurezze e provare ad esplorare nuove possibili alternative di pensiero e di vita, temerà i distacchi prolungati e non sarà in grado di regolare l'emotività vivendola all'eccesso. Non si sentirà mai adeguato esperendo forti sensi di colpa e estrema gelosia, stringerà relazioni coercitive e tendenti a limitare la propria ed altrui libertà.
- Completamente di segno opposto sarà un "evitante" che della libertà o della presunta libertà ne farà il suo cavallo di battaglia. L'evitante sarà abituato a cavarsela da solo, non avrà fiducia degli altri da cui presto o tardi si aspetterà di essere ferito ed a cui, pertanto non si avvicinerà né legherà abbastanza al fine di proteggersi. Ostenterà un'apparente autonomia che si rivelerà invece in una profonda sfiducia negli altri e nel mondo nonché in se stessi e nell'incapacità di riconoscere i bisogni affettivi degli altri. In una fraternità gli evitanti saranno quelli più isolati che tenderanno alla solitudine o che celeranno dietro un'eccessiva socievolezza il bisogno di restare al sicuro con la propria e ricercata emarginazione.

Trattiamo solo questi tre aspetti dell'attaccamento lasciando volutamente da parte quello disorganizzato collocabile in un versante più patologico.

Vien da sé dedurre come uno stile di attaccamento possa influenzare anche l'utilizzo dei mezzi di comunicazione mediatici, si tratta, dicendolo in maniera più tecnica di diatesi, ovvero della suscettibilità o della predisposizione costituzionale a sviluppare un certo disturbo o tendere a comportamenti di dipendenza.

Quando un uomo o una donna consacrati non sentono più Dio come riferimento, base e meta a cui tendere, insorge il bisogno in loro di cercare tale sicurezza altrove.

Considerati i nostri tempi "liquidi e malleabili", non ci si discosta tanto dalla realtà in cui si vive se si ipotizza che quelle che crediamo essere basi sicure (questo in riferimento all'idea di trovare benessere nelle fughe nel virtuale) possano diventare basi non concrete e falsate nelle quali rifugiarsi invano cercando spasmodicamente la sicurezza che la società attuale tende a negare.

Spesso è nelle trame di internet che il consacrato si crea, come l'equilibrista, la sua rete di protezione, per osare, puntare in alto ed essere sicuro in un atterraggio di sicurezza qualora le cose dovessero andare male.

Creandosi un avatar, un *nickname,* un'identità fasulla da cui dissociarsi qualora necessario ma che inevitabilmente lo imprigiona e lega. Non lo salva.

Nella "rete" egli cerca, e spesso si illude di trovare, quella base sicura che lo attende, lo ascolta e lo gratifica, permettendogli di evadere dalla sua vera realtà esperita come stretta, limitante, non accogliente e solitaria.

In questa convinzione risiede la bugia più grande e forviante, quella che i problemi si risolvano evitandoli invece che affrontandoli a muso duro.

5. I sistemi motivazionali ed il roveto che non si consuma

Di fronte alle sfide dei nostri giorni che ci richiedono cura particolare all'immagine ed il primato dell'apparire sull'essere, ci troviamo esposti ad una serie di bisogni che in larga parte non sono né necessari, né funzionali al nostro benessere. Ma che dipendono da un tempo proiettato nell'ottica del tutto e subito.

Un tempo che perde il senso delle cose, l'importanza dei legami ed è vissuto in funzione di un espletamento immediato di bisogni mascherati, percepiti come fondamentali e per cui si ritiene necessaria una risoluzione che nella realtà diventa unicamente un palliativo, cioè una modalità in grado di contrastare solo provvisoriamente le difficoltà esperite senza risolverne le cause a monte.

I bisogni fondamentali a cui dare risposta sono quelli con cui siamo entrati a contatto parlando dell'attaccamento: il bisogno di vicinanza, di protezione, di appartenere e di essere riconosciuti dall'altro, nonché di essere voluti ed essere amati.

Questi elencati rappresentano bisogni legittimi spesso però distorti dai filtri personali che applichiamo alla nostra vita.

Nello specifico, la percezione di determinati bisogni che mettono urgenza al cuore, rischiano di far perdere la strada, causando comportamenti incongrui e inadatti alle scelte di povertà, castità ed obbedienza con le quali chi le sceglie si affida a Dio ed alla fraternità che Egli prepara loro.

I comportamenti agiti si mettono in atto mutuati dai sistemi motivazionali cioè schemi rigidi in cui si hanno sia rappresentazioni mentali che espressioni comportamentali stereotipate.

Il sistema di attaccamento è un sistema motivazionale che regola il comportamento.

Esso però non è l'unico "organizzatore" e motivatore della psiche umana, ne esistono altri i quali ugualmente disciplinano l'omeostasi biologica e si configurano come sistemi di regolazione del comportamento nell'ambito dei bisogni corporei, della riproduzione e delle modalità basilari di interazione sociale.

Gli altri sistemi motivazionali sono: il sistema di accudimento, il sistema agonistico, il sistema sessuale ed il sistema cooperativo.

Nell'argomentare questo scritto si è considerato prevalentemente il sistema di attaccamento e quello di accudimento, quei due sistemi che richiedono e permettono comportamenti di cura, protezione e conforto e che si attivano in seguito alla percezione di fragilità e debolezza personale, di bisogno e necessità di attenzione.

Tuttavia si è tirato in causa anche il sistema sessuale che ricopre una discreta importanza ai fini delle relazioni interpersonali e delle "evasioni" dalla vita consacrata, che si è scelto di perseguire.

Nel momento in cui percepiamo il bisogno di ricevere cure ed attenzioni, attiviamo comportamenti atti alla ricerca della soddisfazione di ciò che sentiamo mancarci.

Le modalità e le dinamiche relazionali che viviamo comunemente nel nostro tempo, sembrano inibire la ricerca di stabilità e di promesse a lungo termine, in favore di un immediato beneficio troppo spesso fine a se stesso e che non colma in maniera definitiva la sete che ci arde la gola.

L'immagine della samaritana al pozzo, la donna che non trova ristoro alla sua arsura finché non scopre un modo nuovo per dissetarsi, accogliendo Gesù nella sua vita e facendosi accogliere da Lui.

Anche il roveto ardente: "Il Signore gli apparve in una fiamma di fuoco in mezzo a un roveto. [...] Il roveto ardeva nel fuoco, ma quel roveto non si consumava"[97] una fiamma che brucia e riscalda senza mai distruggere.

La manifestazione di Dio che non si esaurisce, che non passa o finisce nel tempo che trova, ma perdura, arde senza incenerire e senza "fondersi", trasmettendo la sua forza nel rispetto dell'identità ed unicità di ciascuno.

Ciò non accade nelle relazioni che intraprendiamo quando esse non sono vissute alla luce della scelta vocazionale abbracciata. Attualmente il roveto ardente che brucia e non consuma è sostituito da tanti fuochi di paglia che facilmente e velocemente diventano cenere, il blando ricordo di un calore effimero e, non di rado, bruciature che lasciano il segno.

Dobbiamo tornare ad attingere l'acqua che disseta, a scaldarci ed illuminarci alla fiamma del roveto che non si consuma.

Per fare questo dobbiamo convergere il nostro cammino, lasciarci interpellare veramente dalla voce che domanda: "Dove sei?", "Dove sei nel tuo mondo? Dei giorni e degli anni a te assegnati ne sono già trascorsi molti: nel frattempo fin dove sei arrivato?"[98].

---

[97] Cfr Es. 3,2.

[98] M. BUBER, *Il cammino dell'uomo*, Magnano (BI) 2000, p. 18.

Rispondere senza tentennamenti significa ritornare a se stessi, alla propria appartenenza, rinnovare nel cuore la promessa di fedeltà.

E come fare tutto questo?

Chi appartiene ad una famiglia religiosa e ha impresso il carattere sacro indelebile, il sigillo spirituale che è promessa e garanzia della protezione divina ha una via preferenziale per riprendere il cammino con nuova forza e determinazione.

Di seguito si sono individuate 5 frecce che potrebbero indicare la via del ritorno ad un sé pacificato ed in equilibrio:

1. l'abito che si veste come segno di appartenenza ad una famiglia;
2. riconoscere di essersi "nascosti";
3. il confratello o la consorella come custode del nostro cammino e compagno di viaggio;
4. "sentire senza acconsentire" (la normalizzazione del pensiero e la gestione del comportamento)
5. la presa di coscienza della propria parte di responsabilità;

Queste appena elencate e di seguito argomentate, potrebbero diventare per un cuore in ricerca di nuova luce, le indicazioni da seguire per tornare a se stessi e da lì ripartire con un cuore indiviso abitato da Dio con cui allacciare con i fratelli relazioni nuove e trasformate.

Indubbiamente, sarebbe opportuno integrare questi suggerimenti con l'adesione ad un percorso di formazione umana permanente. Un percorso che curi gli aspetti personali del "sé", approfondendone la conoscenza; del "tu" e del "noi" intervenendo sulle dinamiche relazionali che si instaurano.

Tale percorso potrebbe fornire sempre nuovi spunti di riflessione ed interrogativi costruttivi su se stessi ed il punto che si è raggiunti nella storia che Dio sta facendo con noi. Si auspica, inoltre, che un percorso così pensato, presti attenzione alla maturità affettiva, la quale può diventare, lungo il cammino, ancora di salvezza se raggiunta e ben gestita.

Oltre a quanto già detto, in quei casi particolari, in cui il disagio personale e quello relazionale siano difficilmente superabili unicamente con le proprie forze, in cui non si riesce a trovare da soli la via di uscita e la strada migliore da intraprendere per tornare a "se stessi" è fortemente consigliabile richiedere un aiuto psicologico e psicoterapeutico che possa aiutare a fare luce e riprendere la strada smarrita come accade nella metafora del cavallo che spiega come funziona la psicoterapia.

Un giorno un ragazzo stava tornando a casa da scuola, quando vide in un prato un cavallo che era scappato, con le redini sulla groppa. Il ragazzo incuriosito gli si avvicinò e gli montò in groppa indirizzandolo verso il sentiero battuto. Il cavallo si mise a trottare e galoppare lungo la strada, ogni tanto perdeva il sentiero ed il ragazzo lo scrollava per richiamare la sua attenzione e riportarlo sulla strada giusta, finché non giunse in una fattoria dove il mugnaio stupito chiese al ragazzo come avesse fatto a sapere che quel cavallo fosse il suo, il ragazzo rispose che non lo sapeva e che non aveva fatto altro che mantenere la sua attenzione sulla strada battuta, ma che era stato il cavallo a tornare a casa[99].

Cosi nella psicoterapia, il terapeuta non fa altro che richiamare l'attenzione sulla strada buona ed è la persona che chiede aiuto a percorrerla, accompagnata, ma sulle proprie gambe.

---

[99] Cfr N. NATOLI, *Quando l'isola non c'è viaggio nella Metafora*, Roma 1996, p.101.

6. Le frecce lungo il cammino

Torniamo ora alle nostre frecce, a quelle indicazioni che fanno luce sul cammino verso la riappropriazione di sé:

1. L'abito che si veste come segno di appartenenza ad una famiglia

L'abito esprime una realtà invisibile e la rende visibile, è "testimone di un'idea, rivela un'appartenenza e assume valore segnico poiché rappresenta l'espressione fondamentale di una scelta di vita" [100].

"Il vestito nella Bibbia è simbolo d'identità, dignità, condizione e indica ciò che si ha nel cuore. Nei racconti della creazione, Dio veste Adamo ed Eva, i quali, dopo avere commesso il peccato, si accorsero di essere nudi.

La nudità che, in questo caso, genera vergogna, indica l'esperienza della fragilità umana, della miseria provocata dal peccato che rompe le relazioni con Dio e fa perdere la trasparenza di figli del Creatore[101], pertanto l'abito protegge, rinforza, diventa memoriale di appartenenza ed identità, richiama il ricordo di chi si è scelto di essere ed a chi si è fatto voto di appartenere.

L'abito indica, ancora, ciò che riempie il cuore.

Il consacrato, infatti, con il suo abito esprime i valori di Cristo che lo abitano, la tenerezza, la bontà, l'umiltà, la mansuetudine, la magnanimità, la misericordia[102], gli stessi valori che possono e devono diventare lumi accesi lungo il suo cammino per non permettere all'uomo ed alla donna impegnati nel "santo viaggio"[103] di barcollare nel buio e cadere e, qualora caduti, di rialzarsi avendo ben chiara d'avanti la direzione su cui proseguire.

Buber nel cammino dell'uomo racconta che Rabbi Eisik ricevette in sogno l'ordine di andare a Praga per cercare un tesoro sotto il ponte che conduce al palazzo reale.

---

[100] C. ROBERTO, *Nei panni di Francesco. Il ruolo dell'abito nella vita del Santo di Assisi*, Bari 2009, p. 11.

[101] Cfr. siti internet: http://www.paoline.it/blog/bibbia/191-il-vestito-simboli-biblici.html

[102] Cfr. *Col.* 3,12; *Gal.* 3, 26-29; *Rom.* 13,14

103 Cfr. *Sal.* 84,6

Quando il sogno si ripeté per la terza volta, Eisik si mise in cammino e raggiunse a piedi Praga. Ma il ponte era sorvegliato giorno e notte dalle sentinelle ed egli non ebbe il coraggio di scavare nel luogo indicato. Tuttavia tornava al ponte tutte le mattine, girandovi attorno fino a sera.

Alla fine il capitano delle guardie, che aveva notato il suo andirivieni, gli si avvicinò e gli chiese amichevolmente se avesse perso qualcosa o se aspettasse qualcuno.

Eisik gli raccontò il sogno che lo aveva spinto fin lì dal suo lontano paese. Il capitano scoppiò a ridere: "E tu, poveraccio, per dar retta a un sogno sei venuto fin qui a piedi? Ah, ah, ah! Stai fresco a fidarti dei sogni! Allora anch'io avrei dovuto mettermi in cammino per obbedire a un sogno e andare fino a Cracovia, in casa di un ebreo, un certo Eisik, figlio di Jekel, per cercare un tesoro sotto la stufa! Eisik, figlio di Jekel, ma scherzi? Mi vedo proprio a entrare e mettere a soqquadro tutte le case in una città in cui metà degli ebrei si chiamano Eisik e l'altra metà Jekel!".

E rise nuovamente.

Eisik lo salutò, tornò a casa sua e dissotterrò il tesoro con il quale costruì la sinagoga intitolata "Scuola di Reb Eisik, figlio di Reb Jekel" [104].

Che dice a noi questo racconto?

Sicuramente non ci lascia indifferenti, proprio perché della nostra vita abbiamo fatto un cammino, proprio perché con quel cammino siamo alla ricerca del senso ultimo del nostro esistere, eh no, non può lasciarci indifferenti anzi da esso dobbiamo lasciarci interpellare una volta ancora e metterci alla ricerca di quel tesoro che non possiamo trovare in alcuna altra parte del mondo se non nel luogo in cui ci si trova. Continua Buber "ci sforziamo sempre, in un modo o nell'altro, di trovare da qualche parte quello che ci manca. Da qualche parte, in una zona qualsiasi del mondo o dello spirito, ovunque tranne che là dove siamo, là dove siamo stati posti: ma è proprio là, e da nessun'altra parte, che si trova il tesoro. Nell'ambiente che avverto come il mio ambiente naturale, nella situazione che mi è toccata in sorte, in quello che mi capita giorno dopo giorno, in quello che la vita quotidiana mi richiede: proprio in questo risiede il mio compito essenziale, lì si trova il compimento dell'esistenza messo alla mia portata."[105]

---

[104] M. BUBER, *Il cammino dell'uomo*, Magnano (BI) 2000, p. 60.

[105] M. BUBER, *Il cammino dell'uomo*, p. 61.

Nella nostra casa, nel nostro convento, nella nostra fraternità, nel nostro cuore, lì è il tesoro a cui bramiamo, quello che può donarci l'autenticità ed il senso alla nostra esistenza.

2. Riconoscere di essersi "nascosti"

Adamo dopo aver mangiato il frutto proibito si nascose tra gli alberi del giardino ed interpellato da Dio con la famosa domanda "Dove sei" che ricorre di frequente in queste pagine, non seppe indicare la sua posizione ma la sua paura ed il suo imbarazzo nello scoprirsi nudo. Sant'Agostino nel commento a questo versetto dice "i corpi dei due [Adamo ed Eva] esseri umani, che vivevano nel paradiso, erano completamente nudi.

Ma non provavano vergogna. Perché si sarebbero dovuti vergognare, dal momento che non sperimentavano nelle loro membra alcuna legge in guerra con la legge del loro spirito? Quella legge fu inflitta loro come pena del peccato dopo che fu commessa la trasgressione, quando la disubbidienza si appropriò di ciò ch'era stato proibito e la giustizia punì il peccato commesso. Prima che ciò avvenisse, essi erano nudi - come dice la Scrittura - e non sentivano vergogna; nel loro corpo non c'era alcun moto di cui dovessero vergognarsi; pensavano di non aver nulla da velare poiché non avevano provato alcun moto da frenare."[106]

Prima di cedere, Adamo, probabilmente avrebbe risposto a Dio dicendogli: "Sono qui, eccomi", la stessa risposta che abbiamo nel chiamato, la stessa che, una volta "mangiata la mela" quasi certamente, come lui, non si riesce ad esprimere disorientati dal peccato, dalla fuga dalla "terra" nel tentativo di cercare invano un tesoro che come letto in Buber e come ci ricorda prima ancora Matteo nel suo Vangelo "là dov'è il tuo tesoro, sarà anche il tuo cuore"[107].

Il primo passo, dopo aver riscoperto la bellezza e l'importanza di appartenere, è riconoscersi bisognosi di aiuto, utilizzare la paura, la vergogna che si provano e quel senso di smarrimento che ci disorienta per riconoscere la nostra fragilità e, come ci insegna San Paolo: "quando sono debole, è allora che sono forte"[108] andando contro i

---

[106] Cfr. siti internet: https://www.augustinus.it/italiano/genesi_lettera/index2.htm (libro XI)

107 Cfr Mt 6, 21.

108 Cfr 2Cor 12, 10.

dogmi della società odierna che ci vorrebbe tutti dei piccoli super eroi immuni persino alla criptonite che abbatteva *Superman*, la stessa società che fa dell'individualismo una risorsa pur facendoci fuggire la temuta solitudine, quella solitudine che diventa l'allegoria della nudità e ci fa stare male per cui bisogna rifugiarsi in luoghi virtuali come possono essere le *chat* o le "*app*" di incontri per colmare il senso di vuoto che proviamo. Non è questa la via di uscita, non è nascondendosi all'ombra degli alberi che si trova la luce è invece scoprirsi e riconoscersi fragili, chiamare la propria ferita per nome perché diventi feritoia e rimettersi in cammino, rialzarsi da dove si è caduti e seppure con lividi ed ammaccature continuare a camminare proprio come ci ha lasciato scritto Santa Teresa di Calcutta "Quando a causa degli anni non potrai correre, cammina veloce. Quando non potrai camminare veloce, cammina. Quando non potrai camminare, usa il bastone. Però non trattenerti mai".

3. Il confratello o la consorella come custode del nostro cammino e compagno di viaggio

Se avessimo una macchia nera sulla fronte e fossimo impossibilitati a specchiarci, chi ci è accanto diventerebbe il nostro specchio e sarebbe l'unico in grado di informare della macchia che da soli non vedremmo mai, aiutandoci a pulirla.

Si legge nella Lettera agli Ebrei: «Prestiamo attenzione gli uni agli altri per stimolarci a vicenda nella carità e nelle opere buone» (Eb. 10,24), così l'altro diventa risorsa ed è ricchezza per la vita.

Bonhoeffer in Vita Comune scrive: "il cristiano ha bisogno degli altri cristiani che dicano a lui la Parola di Dio, ne ha bisogno ogni volta che si trova incerto e scoraggiato; da solo infatti non può cavarsela, senza ingannare se stesso sulla verità. Ha bisogno del fratello che gli porti e gli annunci la Parola divina di salvezza"[109] pertanto, nel momento del bisogno dobbiamo lasciare che i nostri confratelli e le nostre consorelle diventino davvero compagni di viaggio e siano sentinelle sul cammino, baluardi di difesa alla vita ed alla vocazione con "spirito di dolcezza" [110](Gal. 6,1).

---

[109] D. BONHOEFFER, *Vita comune*. Brescia 2002, p. 19.

[110] *Gal*. 6,1.

Per fare questo, cioè per lasciarci aiutare e diventare capaci di accogliere il sostegno degli altri, bisogna passare da quello che Bonhoeffer definisce "amore psichico" a quello che chiama "amore spirituale": "L'amore psichico ama l'altro per amor di se stesso, l'amore spirituale ama l'altro per amore di Cristo. Per questo l'amore psichico cerca il contatto immediato con l'altro, non lo ama nella sua libertà, ma lo lega a sé, vuol conquistarlo, sopraffarlo con ogni mezzo, lo opprime, vuol essere irresistibile, vuol dominare. L'amore psichico non tiene gran conto della verità, è disposto a relativizzarla, perché il rapporto con la persona amata non deve essere ostacolato da niente, neppure dalla verità. L'amore psichico ha brama dell'altro, della co-munione con lui, del contraccambio del suo amore, ma non è al suo servizio. Anzi è ancora la sua brama a manifestarsi nelle apparenze del servizio. [...] L'amore spirituale, caratterizzato non dalla brama, ma dal servizio [...] Perciò l'amore spirituale è legato solo alla Parola di Gesù Cristo. L'amore spirituale trae da Gesù Cristo la vera immagine dell'altro, cioè l'immagine su cui Gesù Cristo ha lasciato e vuole lasciare la propria impronta. [...] Perciò l'amore spirituale si dimostra nel fatto di affidare a Cristo l'altro, qualunque cosa dica o faccia. [...] Ci sarà rispetto del limite, che Cristo ha posto fra noi e l'altro, e la piena comunione sarà trovata in Cristo, l'unico legame che si stabilisce fra noi e ci unifica."[111]

Perché se si è nella comunione fraterna non si è più soli, si scopre essere parte di un solo corpo e pertanto è più difficile che si avverta il senso di solitudine invalidante che necessita compensazione, infatti il documento della Chiesa "Vita Fraterna in comunità" (1994) [112]ci ricorda che bisogna effettuare un passaggio importante: da una comunità di tipo "arcipelago", nella quale ogni membro era un'isola che non interferiva nella vita degli altri, a un tipo di comunità più familiare, dove le mutue relazioni hanno una grande incidenza nella vocazione di ogni persona.

---

[111] D. BONHOEFFER, *Vita comune*, p. 27.

[112] Cfr. CONGREGAZIONE PER GLI ISTITUTI DI VITA CONSACRATA E LE SOCIETÀ DI VITA APOSTOLICA, doc. *Vita Fraterna in comunità*, 2 feb. 1994, in *EV* 14.

4. "Sentire senza acconsentire" (la normalizzazione del pensiero e la gestione del comportamento)

Tempo fa, durante una confessione mi trovai a confrontarmi con un anziano sacerdote della mia città don Raffaelino Bove.

Don Raffaelino è stato un sacerdote con un fortissimo carisma per la confessione, tempo in cui amava motivare ed invogliare il penitente a guardare in alto, "alle cose di lassù" senza abbattersi troppo sul suo peccato.

Lui riusciva a guardare nell'anima di chi ascoltava.

Ripeteva spesso il versetto di Luca: "Nella vostra pazienza possederete le vostre anime, perché stando uniti al Signore, possiamo superare e vincere tutto: la paura, la morte, la solitudine"[113].

Dunque, durante una di queste confessioni che frequentemente gli chiedevo mi disse "Cara figlia ricordati bene che sentire non è acconsentire, si può sentire ciò a cui però non si può acconsentire".

"Sentire non è acconsentire", che vorrà mai significare tale affermazione?

Qualcosa di molto semplice:

Freud riconduce la vita dell'uomo ad una originaria libido, cioè ad una energia connessa principalmente al desiderio sessuale: "analoga alla fame in generale, la libido designa la forza con la quale si manifesta l'istinto sessuale, come la fame designa la forza con la quale si manifesta l'istinto di assorbimento del nutrimento"[114].

Desideri come la fame o la sete non sono considerati desideri sconvenienti o fonte di peccato e soprattutto non sono in contrasto con la morale pertanto vengono visti come "normali", invece quando si parla di pensieri sessuali si assiste ad una "doverosa" repressione degli stessi in quanto ritenuti illeciti.

Le pulsioni sessuali rimosse, tuttavia, tendono successivamente a ricomparire quasi come un chiodo fisso che non lascia la mente.

Grazia Attili, nel suo libro "Il cervello in amore", spiega che ciò che sentiamo, cioè gli stati emotivi e le pulsioni sessuali hanno correlati neurali ed ormonali del tutto

---

[113] Cfr *Lc.* 21, 19

[114] J. Ernest, *Vita e opere di Freud. Gli anni della maturità 1901-1919*, 2, Milano 1966, p. 53.

fisiologici, considerando pertanto del tutto normale ciò che proviamo a livello emotivo e pulsionale quando percepiamo attrazione ed interesse per un'altra persona.

Negare o evitare "il sentire" non serve, anzi peggiora la situazione che viviamo.

Questo lo spiega la psicologia con l'esperimento di Daniel M. Wegner, psicologo di Harvard noto come: "*don't think of a white bear*" (1987) ovvero "non pensare all'orso bianco".

Nell'esperimento i soggetti erano istruiti a non pensare a un orso bianco per cinque minuti, mentre raccontavano i pensieri che liberamente attraversavano la loro mente. Ogni volta che pensavano a un orso bianco dovevano suonare un campanello.

I trilli frequenti indicavano la difficoltà di non pensare all'orso.

E questo accadeva perché in tale contesto non era lecito farlo.

Secondo il ricercatore questa sarebbe la prova che più cerchiamo di allontanare un pensiero dalla mente e più questo ritorna.

Pertanto la risposta al problema la si rintraccia del processo di "normalizzazione del pensiero" attraverso cui rendiamo normale e quindi accettabile ciò che non riusciamo ad accettare.

Per esempio per un consacrato è normale provare emozioni e sentimenti, alcuni come la rabbia, il fastidio, il rancore, la paura, la tristezza, il disgusto, non sono "socialmente (ed apparentemente) accettabili" pertanto la nostra mente si ferma su di essi non riuscendo a considerarle normali, tuttavia questo è un gap cognitivo, si dimentica che lo stesso Gesù ha esperito emozioni forti e controverse, per esempio quando "Gesù entrò poi nel tempio e scacciò tutti quelli che vi trovò a comprare e a vendere; rovesciò i tavoli dei cambiavalute e le sedie dei venditori di colombe e disse loro: "La Scrittura afferma: La mia casa sarà chiamata casa di preghiera ma voi ne fate una spelonca di ladri"[115], oppure quando nell'orto del Getsemani è colto da profonda paura e tristezza da soffrire fino a sudare sangue[116] .

Se Gesù "sente" le emozioni che lo rendono fragile e vulnerabile chi siamo noi per reprimerle e fuggirle?

---

[115] Cfr *Mt.* 21, 12-13.

[116] Cfr *Lc.* 22, 44.

Pertanto, dobbiamo permettere al pensiero normalizzato ed a ciò che sentiamo, di fluire nella nostra mente, affinché non diventino un peso.

Semplifichiamo questo ultimo concetto con un racconto zen: "Due monaci incontrano una donna sul loro cammino e uno dei due, notando che è in difficoltà, si leva il mantello e l'aiuta ad attraversare una pozzanghera; successivamente procedono. Verso sera, quando sono al monastero, il monaco più giovane dice all'altro: "Sai che noi monaci non possiamo avere contatti diretti con le donne: tu come hai potuto aiutare quella donna ad attraversare la pozzanghera?" E l'altro gli risponde: "Io quella donna l'ho lasciata lì dove l'abbiamo incontrata. Tu, invece, la stai portando ancora con te"[117].

5. La presa di coscienza della propria parte di responsabilità

In un colloquio nella comunità di recupero dove lavoro, una volta un ragazzo mi disse che voleva lasciare il cammino intrapreso da circa un anno perché la comunità era scomoda e brutta. In effetti non c'erano divani ed i mobili erano vecchi e di fortuna.

"Dottoressa" - mi sentii dire- "come posso riprendermi se qui fa freddo ed è tutto brutto"?

Quella domanda mi interrogò in profondità perché compresi come dava voce alla povertà di un ragazzo che è vero, non aveva comodità, ma più di tutto, non aveva se stesso.

Quel ragazzo, vittima della droga, si era perso e non sapeva più ritrovare la strada per tornare a casa. In quel tempo, ancora non conoscevo Buber, altrimenti gli avrei indicato il percorso per ritrovare se stesso, nel suo cuore, lì dove c'era il suo tesoro.

Forse per l'inesperienza, avevo poco più di 25 anni, forse per la sorpresa del momento mi limitai a rispondergli che la sua vita non dipendeva da chi, o cosa aveva intorno ma dalle scelte che decideva di fare.

Se ne poteva andare ed avrebbe trovato altrove altre scomodità o restare e prendersi, finalmente, la responsabilità della sua vita, senza scaricare su altri ciò che era la sua parte nella storia.

Decise di restare, oggi a distanza di anni ha un lavoro ed una bellissima famiglia.

---

[117] N. SENZAKI - P. REPS (curr.), *101 storie zen*, trad. it. a cura di A. MOTTI, 36ª ed., Milano 2006, p. 30.

Quando ci incontriamo ancora ripensiamo a quel colloquio e lui ricorda perfettamente quell'incontro. Oggi però, a distanza di 10 anni, cerca in sé la soluzione al problema e non fuori.

Perché questo esempio? Perché è frequente nelle comunità religiose giustificarsi scaricando la responsabilità su chi ci è accanto, sul luogo in cui viviamo, lo fece Adamo con Eva e lo facciamo noi con i nostri confratelli e consorelle.

Avviene ciò perché è più semplice e più comodo, meno impegnativo e meno doloroso ma decisamene anche meno utile al nostro cammino di crescita e maturazione.

Devo cercare in me la soluzione al problema non cercare fuori un possibile responsabile.

Cambiare la visione negativa in positiva per darmi la possibilità di migliorare.

7. *La formazione continua come priorità nella vita consacrata e fattore di protezione*

Il Concilio Vaticano II ha dato notevole importanza alla formazione umana dei consacrati dando loro la possibilità di aprirsi in modo adeguato al mondo secolare in vista di un rinnovamento dei tempi, delle relazioni e di una nuova forma di evangelizzazione.

Già il decreto *Perfectae Caritatis* nel 1965 sosteneva che la formazione fosse uno strumento essenziale per restare al passo con i tempi e rinnovarsi: "L'aggiornamento degli istituti dipende in massima parte dalla formazione dei loro membri" [118] ma non solo, prima ancora, in *Lumen Gentium* (1964) si leggeva: "Tutti infine, abbiano ben chiaro che la professione dei consigli evangelici, quantunque comporti la rinunzia di beni certamente molto apprezzabili, non si oppone al vero progresso della persona umana, ma al contrario, per sua natura, le è di grandissimo profitto"[119] promuovendo così lo sviluppo della conoscenza personale e del progresso che non si oppone alla condizione di vita consacrata.

Diversi sono anche i documenti post-concilio che sottolineano l'importanza della formazione umana come strumento facilitatore all'inserimento del consacrato nel mondo attuale, infatti il documento *Religiosi e promozione umana*[120], sosteneva la necessità da parte dei consacrati di "Rimanere sé stessi anche in modi nuovi di presenza", per mantenere uno stato di equilibrio e poter rispondere nel migliore dei modi alle sfide quotidiane di integrazione e partecipazione al "mondo laico".

Per fare questo però è necessario avere strumenti per farlo ed il migliore in assoluto resta la conoscenza profonda di sé, il mettersi in discussione, l'aprirsi all'approfondimento del proprio essere ed alla formazione umana che dona sempre nuovi spunti di riflessione a chi ha voglia di mettersi in gioco per crescere e migliorarsi,

---

[118] CONCILIUM OECUMENICUM VATICANUM II, decr.: *Perfectae caritatis*, 28 oct. 1965, Romae apud S. Petrum: decr. De accomodata renovatione vitae religiosae, in *AAS*, an. 58 (1966), p.407.

[119] CONCILIUM OECUMENICUM VATICANUM II, Const. ap.: *Lumen gentium*, 21 nov. 1964, Romae, apud S. Petrum: const. dogm. de Ecclesia, in *AAS*, an. 57 (1965), p. 45-51.

n.46, p. 223.

[120] CONGREGAZIONE PER GLI ISTITUTI DI VITA CONSACRATA E LE SOCIETÀ DI VITA APOSTOLICA, doc. *Religiosi e promozione umana*, 25-28 apr. 1978, n. 32.

così come annotava Paolo VI *nell'Evalgelica Testificatio*: "Per un essere che vive, l'adattamento al suo ambiente non consiste nell'abbandonare la sua vera identità, ma nell'affermarsi, piuttosto, nella vitalità che gli è propria. La profonda comprensione delle tendenze attuali e delle istanze del mondo moderno, deve far zampillare le vostre sorgenti con rinnovato vigore e freschezza"[121].

Bisogna, pertanto, restare al passo con i tempi, non tanto per non rischiare di apparire obsoleti agli occhi del mondo, ma per utilizzare, nel migliore dei modi, i mezzi che abbiamo a disposizione.

Oggi la realtà digitale e gli innumerevoli universi che si celano al suo interno ci chiamano ad una sfida che non può vederci in ritirata ma in prima linea. Pronti ad avanzare con carità verso l'altro, con gli stessi strumenti e, con una maggiore maturità, a motivo della missione alla quale siamo chiamati: portare Dio ovunque, specialmente in quelle che Papa Francesco chiama "periferie del mondo" che spesso non sono solamente luoghi fisicamente decentrati ma talvolta anche *"network*", apparentemente ben collegate.

Pertanto, risulta essenziale formare ad una adeguata conoscenza di sé, dei propri limiti e delle proprie potenzialità, unitamente al corretto utilizzo dello strumento in questione.

Bisogna dunque, laddove necessario, rieducare il religioso al dialogo interiore, alla vita fraterna, alla responsabilità e corresponsabilità, all'equilibrio, al silenzio ed al corretto uso del tempo come dono per sé e per l'atro che incontra. E' necessario favorire la relazione concreta, senza demonizzare e rifiutare la realtà digitale in quanto importante fonte di arricchimento, crescita personale ed evangelizzazione.

Un consacrato non deve credere che la possibilità di essere *"online"* sia una semplice omologazione al costume odierno poiché non tutto ciò che è possibile è lecito e quindi giusto. È necessario che il religioso *"in rete"* non caschi nella "rete" del conformismo e del "così fan tutti" ma che la prenda e, come Gesù insegna, la lanci dal lato opposto. E' fondamentale che impari ad usare la rete in maniera diversa da come è abitudine fare, ricordando la sua identità e la sua appartenenza. Essendo testimone presente, seppure silenzioso, per raggiungere con l'esempio, più che con le parole, se stesso ed i fratelli più lontani.

---

[121] Cfr. PAOLO PAPA VI, es. ap. *Evangelica testificatio,* 29 giu. 1971, in *Ench.Vat.* 4, n. 51, p. 681.

Benedetto XVI in occasione della 46° Giornata Mondiale delle Comunicazioni Sociali scriveva: «Quando parola e silenzio si escludono a vicenda, la comunicazione si deteriora [...]; quando, invece, si integrano reciprocamente, la comunicazione acquista valore di significato».

Fare questo è una sfida grande a cui siamo chiamati, è sicuramente un morire ancora a noi stessi per portare frutto nuovo ed abbondante.

E' senza dubbio difficile ma non impossibile come ci ricorda una frase attribuita al Serafico San Francesco di Assisi: "Cominciate col fare ciò che è necessario, poi ciò che è possibile. E all'improvviso vi sorprenderete a fare l'impossibile".

Letteratura

ALCIATI R., Il de discretione di Cassiano e la sua influenza nella letteratura ascetica posteriore (secoli V-VII), in Rivista di storia del Cristianesimo, n. 1 (2009), p. 65-98.

ANTONACCI F., E- commerce Marketing e vendite. Strumenti e strategie per vendere online, Milano 2015.

BAUMAN Z., Intervista sull'identità, a cura di B. VECCHI, Bari 2010.

BAUMAN Z., La vita tra reale e virtuale, a cura di G. MATTEI, Milano 2014.

BELLO T., Maria donna dei nostri giorni, Torino 2014.

BOCCIA P., Metodi e tematiche nella ricerca sociopsicopedagogica, Treviso 2010, p. 107.

BONHOEFFER D., Vita comune. Brescia 2002.

BONI F., Sociologia della comunicazione interpersonale, Bari 2007.

BORRELLI M. –PIROMALLO J., Come pesci nella rete. Trappole, tentacoli e tentazioni del web, Roma 2011.

BOWLBY J, Una base sicura. Applicazioni cliniche della teoria dell'attaccamento, trad. it. M. MAGNINO, in coll. Psicologia clinica e Psicoterapia, Milano 1989.

BOWLBY J., Costruzione e rottura dei legami affettivi, trad. it. S. VIVIANI – C. TOZZI, Milano 1982.

BRETHERTON I. –MUNHOLLAND K.A., (1999). Modelli operativi interni nelle relazioni di attaccamento. Una revisione teorica, a cura di J. CASSIDY - P.R. SHAVER, in Manuale dell'attaccamento: Teoria, ricerca e applicazioni cliniche, Roma 2002.

BUBER M., Il cammino dell'uomo, Magnano (BI) 2000.

CALVINO I., Le città invisibili, Torino 1972.

CANTELMI T. –TORO M.B. –TALLI M., Avatar. Dislocazioni mentali, personalità tecno-mediate, derive autistiche e condotte fuori controllo, Roma 2010.

CHIAPPETTA L., Il codice di diritto canonico. Commento giuridico pastorale, 3ª ed., 1-3., a cura di CATOZZELLA F. - CATTA A. - IZZI C. - SABBARESE L., Bologna, 2011, p. 351.

CODELUPPI V., L'era dello schermo. Convivere con l'invadenza mediatica, Milano 2013.

COMMUNICATION STRATEGIES LAB, Realtà aumentate. Esperienze, strategie e contenuti per l'Augmented Reality, Milano 2012.

Comunicare le identità. Percorsi della soggettività nell'età contemporanea, a cura di L. BOVONE - P. VOLONTÉ, coll. Produrre cultura creare comunicazione, Milano 2006.

CONCILIUM OECUMENICUM VATICANUM II, Const. ap.: Lumen gentium, 21 nov. 1964, Romae, apud S. Petrum: const. dogm. de Ecclesia, in AAS, an. 57 (1965), p.5-71.

CONCILIUM OECUMENICUM VATICANUM II, decr.: Perfectae caritatis, 28 oct. 1965, Romaeapud S. Petrum: decr. De accomodata renovatione vitae religiosae, in AAS, an. 58 (1966), p. 713-727.

CONGREGAZIONE DEGLI ISTITUTI DI VITA CONSACRATA E LE SOCIETÀ DI VITA APOSTOLICA, La vita fraterna in comunità, Città del Vaticano 1994.

CONGREGAZIONE PER GLI ISTITUTI DI VITA CONSACRATA E LE SOCIETÀ DI VITA APOSTOLICA, doc. Vita Fraterna in comunità, 2 feb. 1994, in Ench. Vat n 14.

CONGREGAZIONE PER GLI ISTITUTI DI VITA CONSACRATA E LE SOCIETÀ DI VITA APOSTOLICA, doc. Religiosi e promozione umana, 25-28 apr. 1978.

CONTINI P.- MASSARO R., Smartlife. Identità e relazioni al tempo della rete, Campobasso 2018.

CRITTENDEN P.M., Attaccamento in età adulta: l'approccio dinamico-maturativo all'Adult Attachment Interview, Milano 1999.

D'AVENIA A., L'arte di essere fragili, Milano 2016.

DE PAOLIS V., La vita consacrata nella Chiesa, Venezia 2010.

DONATI A. - VOLPE PUTZOLU G., Manuale di diritto delle assicurazioni, Milano 2009.

ERNEST J., Vita e opere di Freud. Gli anni della maturità 1901-1919, 2, Milano 1966.

Famiglie in rete. Per una educazione ai legami comunitari, a cura di BENVENUTI L. - SALERNO V. - VECCHIET C., Roma 2011.

FERRARIS A. O., La ricerca dell'identità. Come nasce, come cresce, come cambia l'idea di sé, Firenze 2015.

FONAGY P., Psicoanalisi e teoria dell'attaccamento, trad. it. F. ORTU, in coll. Psichiatria psicoterapia neuroscienze, Milano 2002.

FRANCESCO PAPA, cost. ap., Vultum Dei quaerere, 29 Giun. 2016, in coll. Documenti eccleisali, n. 51, Bologna 2016, n. 31.

GAMBARI E., I religiosi nel Codice. Commento ai singoli canoni, Milano 1986.

GIOVANNI CASSIANO, Collationum XXIV, in PL 49, p. 478-1333.

GIOVANNI PAOLO II, Adhort. ap.: Vita Consecrata, 25 mar. 1996, Datum Romae, apud S. Petrum, episcopis et clero, Ordinibus Congregationibusque religiosis, Societatibus vitae apostolicae, Institutis saecularibus et cunctis fidelibus de vita consecrata eiusque missione in Ecclesia ac mundo, in AAS, an. 88 (1996), p. 378-486.

HARLOW H.F. –ZIMMERMANN R.R., Affectional responses in the infant monkey, in Science, n. 130 (1959).

Internet e L'esperienza religiosa in rete, a cura di B. AROLDI - B. SCIFO, coll. Università ricerca spettacolo processi culturali, Milano 2002.

KASTLEMAN M. B., The drug of new millennium, Assago 2009.

KOBYLINSKI A., Modernità e postmodernità. L'interpretazione cristiana dall'esistenza al tramonto dei tempi moderni nel pensiero di Romano Guardini, Roma 1998.

LIOTTI G., Le opere della coscienza. Psicopatologia e psicoterapia nella prospettiva cognitivo-evoluzionista, Milano 2001.

MAZZOLENI P., Dal metodo attuale all'approccio finanziario. Per le assicurazioni sulla vita, Milano 2012.

MICUNCO G., Teogonia. Dal Chàos al Kòsmos, Bari 2005.

NATOLI N., Quando l'isola non c'è viaggio nella Metafora, Roma 1996.

PAOLO PAPA VI, mot. pro., Ecclesiae Sancta, 6 Aug 1966, Datum Romae, apud S. Petrum, Normae ad quaedam exsequenda SS. Concilii Vaticani II Decreta statuuntur, in AAS 58 (1966), p. 757-787.

PAOLO VI, decr. Inter mirifica, 4 mag. 1963, in AAS, a. 56 (1964), p. 145-157.

PAOLO VI, es. ap. Evangelica testificatio, 29 giun. 197, in AAS, a. 63 (1971), p. 497-526.

PASSETTO A., Dio non mi ha programmato per i selfie, Milano 2015.

PETICCA S., Il linguaggio delle e-mail, coll. La politica metodi storie teorie, n. 50, Soveria Mannelli, 2002.

PONTIFICIA COMMISSIO CODICI IURIS CANONICI RECONOGNOSCENDO, Ex actis Pontificiae Commissionis Codici Iuris Canonici Recognoscendo, in Communicationes, 15 (1974), p. 74.

ROBERTO C., Nei panni di Francesco. Il ruolo dell'abito nella vita del Santo di Assisi, Bari 2009.

S. CATERINA DA SIENA, Lettera CCXIII, in: Lettere di S. Caterina da Siena Vergine Domenicana, Siena 1922, p. 293-310.

SACRA CONGREGAZIONE PER I RELIGIOSI E GLI ISTITUTI SECOLARI, La dimensione contemplativa della vita religiosa, in: EVC, p. 2523-2536.

SANTUARI A., Le organizzazioni no profit. Approfondimenti in tema di sussidiarietà, aspetti fiscali, rapporti con gli enti pubblici, cooperative sociali e trust per soggetti deboli, coll. Sapere e diritto, Milano 2012.

SARTORI M. G., Dalla psicologia sociale ai diritti umani. Scritti 1985-2009, Roma 2010.

SENZAKI N. - REPS P. (curr.), 101 storie zen, trad. it. a cura di A. MOTTI, 36ª ed., Milano 2006.

UGO DA S. VITTORE, Sei opuscoli spirituali, in Sources Chrétiennes, n. 14, ed. ita, Bologna 2016.

VANIER J., La comunità. Luogo del perdono e della festa, Milano 1995.

VECOLI F., Trasformazione del discernimento in pratica istituzionale nella tradizione egiziana, in Rivista di storia del Cristianesimo, n. 1 (2009), p. 21-41.

WÉNIN A., Non di solo pane. Violenza e alleanza nella Bibbia, Bologna 2004.

WIESEL E. –DE SAINT CHERON M., Il male e l'esilio. Dieci anni dopo, Baldini&Castoldi, Milano 2001.

WINNICOTT D., Sviluppo affettivo e ambiente, Roma 1970.

ZAOUI P., L'arte di scomparire. Vivere con discrezione, trad. it. A. GUARESCHI, Milano 2015.

Michele Sardella

Frate Minore della provincia di San Michele Arcangelo di Puglia e Molise. Ha conseguito il dottorato di diritto canonico presso la Pontificia Università Antonianum, dove attualmente è docente presso la facoltà di Diritto Canonico. Docente incaricato presso la Facoltà Teologica Pugliese (Istituto santa Fara).

Antonella Petrella

Psicologa e psicoterapeuta, è responsabile e coordinatrice del servizio di psicologia e psicoterapia della comunità di accoglienza e recupero per adulti in difficoltà "FIGLIA DI SION", consulente tecnico d'ufficio presso il Tribunale Ecclesiastico Abruzzese Molisano e di Benevento.

Si occupa del sostegno psicologico alla vita consacrata collaborando con diversi istituti religiosi femminili, con i Frati Minori ed i Frati Minori Cappuccini delle Province Religiose del sud Italia. E' presidente della sezione molisana dell'Associazione Italiana Psichiatri e Psicologi Cattolici (AIPPC), già consigliere dell'Ordine degli Psicologi del Molise.

Printed by Books on Demand GmbH, Norderstedt / Germany